TUTORIAS PARA DOCENTES DE NUEVO INGRESO

Yuritzi Estefania Mora Ayala

Copyright © 2023 Yuritzi Estefania Mora Ayala
Copyright © 2023 Generis Publishing

All rights reserved. This book or any portion thereof may not be reproduced or used in any manner whatsoever without the written permission of the publisher except for the use of brief quotations in a book review.

Title: TUTORIAS PARA DOCENTES DE NUEVO INGRESO

ISBN: 979-8-88676-351-5

Author: Yuritzi Estefania Mora Ayala

Cover image: https://unsplash.com/

Publisher: Generis Publishing
Online orders: www.generis-publishing.com
Contact email: info@generis-publishing.com

TABLA DE CONTENIDOS

INTRODUCCIÓN 7

PLANTEAMIENTO DEL PROBLEMA 8

JUSTIFICACIÓN 9

OBJETIVOS 9

METODOLOGÍA 10

HIPÓTESIS 10

CAPÍTULO I. MARCO TEÓRICO 11

    1.1. LA TUTORÍA A DOCENTES DE NUEVO INGRESO 11

        1.1.1. Definición de tutoría educativa *11*

    1.2. Definición, perfil y funcionamiento de la tutoría 13
    1.3. Propósitos 14
    1.4. Enfoque de la tutoría 14
    1.5. Modalidades de la tutoría 15

        1.5.1. Modalidad presencial *16*
        1.5.2. Modalidad en línea *17*
        1.5.3. Modalidad de concentración *20*

    1.6. Docentes y técnicos docentes sujetos de tutoría 23
    1.7. Del perfil del tutor y sus dimensiones 26
    1.8. Funciones del tutor. 28
    1.9. Plan de trabajo para la tutoría 29
    1.10. Observaciones de clase 30
    1.11. De las reuniones de tutorados 31
    1.12. Antecedentes de la tutoría 31
    1.13. Teoría 32

CAPITULO II. MARCO LEGAL PARA LA ASIGNACIÓN DE TUTORES DOCENTES DE NUEVO INGRESO 35

    2.1. Constitución política de los estados unidos mexicano 35

        2.1.1. Artículo 3° *36*

    2.2. Ley general del servicio profesional docente (lgsp) 38

2.2.1. Artículo 21 38

2.3. Marco general para la organización y el funcionamiento de la tutoría en educación básica 2016-2017 y 2017-2018, el manual para el tutor del docente y del técnico docente y el taller ser tutor de un docente o técnico docente de nuevo ingreso en educación básica. 38

2.4. Procesos de selección de tutores 40
2.5. Formación de tutores. 52
2.6. Incentivos 53
2.7. Características y funciones del tutor, un reconocimiento a la trayectoria docente 60
2.8. Perfil del tutor 62
2.9. Valorando la tutoría 70
2.10. Formándome como tutor 73
2.11. Revocación de la función de tutoría 77
2.12. Responsabilidades 77
2.13. Derechos de los tutores y tutorados 81
2.14. Marco jurídico 82
2.15. Funcionamiento de la tutoría 84
2.16. Propósitos 84
2.17. Enfoque de la tutoría 85
2.18. Lineamientos para la selección de tutores expedida por el inee (2017). 85

CAPÍTULO III. DESCRIPCIÓN DE LA ESCUELA 101

3.1. Ubicación 101
3.2. Visión 102
3.3. Misión 102
3.4. Organigrama 103
3.5. Docentes 103

CAPÍTULO IV. RESULTADOS DE LA INVESTIGACIÓN 105

4.1. El trabajo de los docentes tutores y tutorados 105
4.2. Propuesta 141
4.3. Conclusiones 142

BIBLIOGRAFIA 147

ANEXOS 149

Anexo 1 149
Anexo 2 151
Anexo 3 153
Anexo 4 154
Anexo 5 156
Anexo 6 158
Anexo 7 159

INTRODUCCIÓN

El presente trabajo muestra los resultados de una exhaustiva investigación acerca de cómo se realizan las tutorías para docentes de nuevo ingreso a la educación básica.

La tutoría para docentes que ingresan al servicio profesional docentes es considerada como actividades de acompañamiento, apoyo y seguimiento para los docentes de nuevo ingreso

En el capítulo 1 marco teórico se habla sobre los antecedentes de la tutoría, así como los orígenes, teorías, características del tutor y se dan a conocer los manuales que rigen a la tutoría.

En el capítulo 2 marco legal para la asignación de tutores para docentes de nuevo ingreso, se menciona toda la política educativa, así como los documentos que rigen a la tutoría.

En el capítulo 3 se menciona y se da un panorama de la institución desde su visión, misión, organigrama, docentes y quienes son tutores.

Por último en el capítulo 4 se presentan los resultados de la investigación, así como las entrevistas y las conclusiones del presente trabajo.

PLANTEAMIENTO DEL PROBLEMA

El interés por realizar esta investigación derivó, por un lado, de las experiencias personales durante el trayecto de prelada a docente de base, ya que he constatado las problemáticas de la asignación de tutores y el acompañamiento que brindan los mismos. Por otro lado, al servicio ingresan docentes que se identifican con la teoría, pero la realidad es que es muy distinto la práctica por unas horas y unos días que convivir con alumnos y padres de familia de manera cotidiana.

Por su parte Lázaro (1997), quien presenta un análisis sobre la función docente, así como las alternativas al ejercicio del tutor, se da a conocer las percepciones de los estudiantes sobre los tutores, sugiere un esquema-base de formación tutorial para los futuros docentes de educación secundaria.

Las tutorías para docentes de nuevo ingreso se están considerando como un problema ya que se ha visto que no se están respetando las condiciones, no se está brindando el debido acompañamiento que los docentes de nuevo ingreso requieren para mejorar su quehacer docente, aunado a ello las constantes modificaciones que ha sufrido la tutoría, la falta de conocimiento de las condiciones que se requieren para ser tutores, así como el desconocimiento por parte de los tutorados de las acciones que deben de implementar los tutores y generan un gran problema para la educación sobre todo para los docentes que ingresan al servicio con poca experiencia.

Considerando lo anterior en este documento, se busca responder las siguientes preguntas: ¿Qué función tienen las tutorías para los docentes de nuevo ingreso?, ¿Los tutores llevan a cabo las tutorías como lo establece los documentos rectores?, ¿Cómo llevan a cabo su función los tutores con los docentes tutorados?, ¿Cuál es la normatividad y marco legal sobre el que se basa la tutoría? Así como ¿Qué perfil deben de tener los tutores?

De estas preguntas se desprende la pregunta general que marcó la línea de investigación, ésta es: ¿Qué acciones han implementado los tutores que favorecen a los docentes de nuevo ingreso y si realmente se ven favorecidos?

JUSTIFICACIÓN

La importancia del presente estudio radica en proporcionar una descripción del proceso, conocer el seguimiento que se debe de llevar, el perfil de los tutores que son asignados y que a su vez sirva para sugerir acciones a implementar para evaluar a los tutores y tutorados, asi como las dudas y el estado en el que llega el docente y su progreso a través de los observaciones y recomendaciones.

Orientar el quehacer cotidiano con el fin de lograr una mejora continua y la adquisición de experiencia.

Es un tema nuevo ya que hay pocas investigaciones al respecto, lo que lo hace novedoso y complejo.

La razón principal es porque los docentes que ingresan al servicio profesional docente desconocen varios aspectos de la práctica educativa, lo que puede llegar a dificultar su inserción al servicio.

OBJETIVOS

Objetivo general

- Identificar cómo llevan a cabo los tutores educativos su función en los docentes que se integran al campo laboral en el nivel educativo de primaria.

Objetivos específicos:

- Definir qué es la tutoría educativa y el nivel básico de educación primaria
- Identificar y describir los perfiles de los tutores, el proceso de las tutorías y que seguimiento realizan
- Describir la escuela primaria Mariano Escobedo
- Describir y conocer cómo llevan a cabo la tutoría los tutores con sus tutorados
- Describir cómo realizan su función los tutores educativos con los docentes que se integran al campo laboral en el nivel educativo de primaria.

METODOLOGÍA

En la presente investigación se hace uso de la metodología cualitativa basada en los principios de la etnografía educativa, porque el tiempo permite solamente realizar y aplicar los principios de la etnografía educativa la cual se enfoca en aspectos principalmente basados en las cualidades, características, descripciones e interacciones observadas en dicho proceso. Los principales instrumentos que permitirán realizar esta investigación son observación participante, entrevistas y cuestionarios los cuales respondieron tanto tutores como tutorados.

HIPÓTESIS

Las tutorías para docentes de nuevo ingreso son funcionales porque los encargados de los tutores docentes de nuevo ingreso brindan las herramientas necesarias relacionadas con la profesionalización, responden a sus dudas, apoyan su labor docente y con ello se ve una mejora en la práctica docente.

Variable Independiente:

Está representada por el programa de tutorías implementado en la Educación básica.

Variable Dependiente:

El programa de tutorías favorece la profesionalización de los docentes, mejora la práctica educativa de los docentes de nuevo ingreso.

Explicación: El programa de tutorías es la variable independiente porque se podría continuar o suprimir.

CAPÍTULO I.
MARCO TEÓRICO

1.1. LA TUTORÍA A DOCENTES DE NUEVO INGRESO

1.1.1. Definición de tutoría educativa

Romo (2011) refiere a Krichesky (1999) quien describe a la tutoría como "el proceso de ayuda técnica en el que se acompaña y orienta al adolescente para favorecer decisiones reflexivas, autónomas y críticas en diferentes aspectos de su vida escolar y social, [que] constituye una 'modalidad' de la relación pedagógica e institucional que puede llevar a cabo un docente, un asesor pedagógico…". Lo cual debe contemplar la formación curricular, inclusión, desarrollo personal; así mismo lo define como un proceso orientador en el cual el profesor-tutor y el alumno tienen un punto de reunión en común, de mutuo acuerdo, con un marco teórico referencial y una planificación para así poder establecer un proyecto de trabajo juntos, su enfoque es humanista ya que busca el enriquecimiento humano del tutorado en un marco de valores individuales y sociales que le permitan insertarse en la sociedad, conviva, preste servicio, coopere sin perder su libertad y la justicia.

Por otro lado Romo cita a la UNESCO (Organización de las Naciones Unidas para la Educación, la Ciencia y la Cultura) (1998) como un conjunto de actividades que permite situaciones de aprendizaje y apoya el desarrollo académico, con el propósito de que los estudiantes desarrollen su proceso.

Romo (2011) retoma una definición de Europa de Gairín et al, (2004) del nivel educativo de Educación Superior la cual la define como un proceso orientador que se desarrolla de manera conjunta entre profesor y estudiante en aspectos académicos, profesionales y personales que tiene una finalidad de establecer un programa de trabajo que favorezca el proceso y diseño, de la misma manera la acción del docente en el proceso de enseñanza-aprendizaje que comparten los profesores y estudiantes con el fin de construir el conocimiento sobre determinada materia, donde el alumno se orienta bajo sus experiencias para que llegue a ser autónomo, competente y crítico.

De tal manera la tutoría debe desarrollarse de manera institucional, sistémica cubriendo todos los ciclos a manera de prevención. ANUIES (Asociación Nacional de Universidades e Instituciones de Educación Superior) (200) recomienda que en las instituciones se implemente la tutoría para que así los alumnos tengan el consejo y apoyo de un profesor que está preparado para apoyarlos. Se debe de evitar a toda costa que la tutoría sea vista como una forma de solucionar los problemas de los tutorados.

A su vez Maya (1993) quien empieza por definir al docente como la persona que se dedica a la enseñanza, quien hace mención de la educación a distancia y presencial, el docente a distancia pierde ese título ya que su función se avoca a asesorar, facilitar o tutorar. Refiere de igual manera a la tutoría como un servicio de orientación de manera individualizada o grupal que ayuda de manera pedagógica al alumno durante el proceso de autoaprendizaje a distancia, es un medio de apoyo para la formación integral la cual puede definirse como una formación profesional integral y de desarrollo personal-social del alumno.

La tutoría permite una retroalimentación académica y pedagógica, la que facilita y mantiene la motivación y apoya el aprendizaje.

Maya (1993) señala que un autor define a la tutoría como el servicio personal de orientación individual o gripal de ayuda pedagógica al alumno durante el proceso de autoaprendizaje a distancia a manera de apoyo para la formación integral que es entendida como la realización profesional y el desarrollo personal-social del alumno. Mediante la tutoría se realiza el proceso de retroalimentación académica y pedagógica la cual facilita y mantiene la motivación y se apoya el proceso de aprendizaje.

Furter (s/f) y UNESCO citado por Maya. B. A (1993) designa a la tutoría como la formación permanente.

Álvarez (2011) menciona que la orientación es un proceso de ayuda para que un sujeto se conozca, conozca la sociedad donde vive y pueda lograr su integración a la sociedad; aparece como una base para indicar la dirección y el sentido del aprendizaje.

1.2. Definición, perfil y funcionamiento de la tutoría

La Ley General del Servicio Profesional Docente otorga el siguiente término para la tutoría como un reconocimiento para los docentes y técnicos docentes que destacan en su desempeño y cumplimiento de su responsabilidad profesional. La tutoría se concibe como un movimiento lateral que comprende actividades de acompañamiento, apoyo y seguimiento a docentes y técnicos docentes de nuevo ingreso a nivel escolar o de zona escolar.

Se le fundamenta en los cambios constitucionales y legales que sustentan la actual reforma educativa, la tutoría consiste en acciones sistemáticas de acompañamiento, apoyo y seguimiento personalizado a docentes y técnicos docentes de nuevo ingreso en su incorporación al servicio público educativo.

La tutoría debe contribuir a la formación y buen desempeño de los docentes y técnicos docentes de nuevo ingreso, con el fin de favorecer su permanencia en la función mediante la evaluación a la que estará sujeto en los primeros dos años, aunado a esto la tutoría deberá contribuir a la cultura de la evaluación de la escuela, para valorar las prácticas de enseñanza y mejora de los aprendizajes de los alumnos.

En el 2017 la definición de tutoría se convierte en un planteamiento central donde el personal en servicio con resultado insuficiente en la Evaluación de Desempeño o No Idóneo en los Concursos de Oposición para el ingreso al servicio, cuenten con un tutor que los acompañe para mejorar su práctica educativa, mediante actividades estructuradas que favorezcan el desarrollo profesional, en un periodo previo a la Evaluación del Desempeño.

Por lo que considera la tutoría como estrategia de profesionalización que se orienta a fortalecer las competencias del personal docente y técnico docente en servicio. En la cual un tutor o docente experimentado apoya y acompaña sus pares para que reflexionen sobre su enseñanza y necesidades educativas de los alumnos, para establecer estrategias que permitan mejorar las habilidades profesiones y los resultados de Evaluación del Desempeño.

En el 2018 se retoma la misma definición para la tutoría.

1.3. Propósitos

El Manual 2017 enlista los siguientes propósitos de la tutoría:

- Fortalecer las capacidades, conocimientos y competencias de los docentes de nuevo ingreso de manera que se vea favorecida su inserción en el trabajo educativo, la autonomía profesional, la participación en la escuela, comunicación con padres de familia y permanencia en el Servicio Profesional Docente.
- Contribuir a la mejora de la práctica profesional, para que cuente con más y mejores capacidades para propiciar el cumplimiento de las finalidades de la Educación Básica y el máximo logro de los aprendizajes en sus alumnos.

En el 2018 se conservan los mismos propósitos.

1.4. Enfoque de la tutoría

El enfoque de la tutoría en el 2017 es el siguiente:

- **Fortalecer el aprendizaje y la autonomía profesional:** de los docentes de nuevo ingreso, a través del acompañamiento académico por parte de un tutor, lo que implica el desarrollo de habilidades para resolver problemas y atener situaciones de la práctica cotidiana del contexto en específico.
- **Impulsar el mejoramiento de las prácticas docentes:** favorecer el aprendizaje de todos los alumnos. Es un apoyo a los docentes para fortalecer sus capacidades de observación, análisis y valoración positiva de los saberes y habilidades de los alumnos a su cargo para desarrollar una intervención didáctica que atienda las necesidades de aprendizaje.
- **Fomentar la transformación gradual de las prácticas docentes:** a través del diálogo profesional, detectar necesidades y establecer retos que puedan atender las condiciones reales en el que se realiza el trabajo educativo.
- **Utilizar el aprendizaje entre pares:** tiene como punto principal las experiencias y necesidades cotidianas de los docentes de nuevo ingreso, que permite vincular el aprendizaje que se obtiene en la formación inicial desarrollando habilidades en la práctica.
- **Dispositivo de formación profesional:** basado en el diálogo, análisis, reflexión en el que se centra el logro de aprendizajes y participación de los alumnos en las actividades educativas.

- **Propiciar el apoyo profesional comprensivo y empático del Tutor hacia los Tutorados:** el tutor acompañara y entenderá las necesidades y condiciones de los docentes por lo que se evitara la supervisión, censura, juzgar, descalificar, normar o emitir crítica hacia la práctica.
- **Asumir una base ética de trabajo:** el Tutor y Tutorados respetaran las opiniones y posiciones diversas de un tema en específico, el cual será aprovechado para dialogar de manera profunda y constructiva sobre las prácticas de enseñanza. Por lo que se basará en una ética de trabajo profesional y cumplimiento de responsabilidades normadas.

1.5. Modalidades de la tutoría

En el marco expedido en el 2017 se menciona que la tutoría para docentes de nuevo ingreso puede darse entre modalidades: presencial, en línea y de concentración, dependiendo de las condiciones y características de cada entidad federativa y zona escolar. La intención es que los docentes de nuevo ingreso cuenten con acompañamiento de un colega con experiencia que lo apoye en su desarrollo profesional.

Dichas modalidades comparten algunos elementos como los siguientes:

- El docente de nuevo ingreso recibirá apoyo de un tutor, por parte de un docente con más experiencia, que a su vez cuenta con una amplia trayectoria en el nivel educativo, modalidad, asignatura o taller donde se desempeñen los tutorados.
- Se enfoca en el logro de los propósitos de la tutoría, aunque sean modalidades distintas su fin es fortalecer las competencias de los docentes que se incorporan al servicio público educativo.
- Reconoce la diversidad de prácticas docentes, experiencias en la práctica donde se incluyen los entornos escolares y contextos sociales, culturales y lingüísticos donde se da, ya que son diversas, de la misma manera que los logros y dificultades de los docentes, es por ello que la tutoría se sustenta en el precepto de favorecer el análisis y reflexión de cada reto docente con el fin de lograr una mejora de manera particular, donde se evite juzgar o criticar.

Se retoma nuevamente en el marco general expedido en el 2018.

A continuación se presentan los elementos principales que distinguen a cada una de las modalidades.

1.5.1. Modalidad presencial

En dicha modalidad la tutoría implica la asistencia física del tutor y tutorados en reuniones de trabajo, observación de aulas, comunicación directa y si se considera conveniente a través de medios electrónicos.

Características de la tutoría presencial

- **Tutores:** atienden de uno a tres docentes de preferencias los 2 años de la tutoría. El tutor y tutorados laboran en lo posible en el mismo plantel, zona escolar o localidad, trabajan en el mismo nivel educativo, tipo de servicio, organización escolar, asignatura, tecnología o taller.
- **Tiempo:** atención de al menos 3 horas por semana a cada tutorado.
- **Espacios:** Se realiza de manera preferencial en la escuela del tutorado o lugares de común acuerdo entre participantes y autoridad educativa local correspondiente.
- **Contenidos:** Conforme a la necesidades de los tutorados.
- **Organización:** Debe de realizar lo siguiente cada ciclo escolar:
    - Establecimiento de acuerdos y elaboración de plan de trabajo
    - El plan de trabajo debe considerar metas específicas basados en los siguientes aspectos:
        - Objetivos a lograr
        - Aprendizajes a lograr en el contexto, grado, asignatura, tecnología o taller que se atienda, disminuir el rezago y abandono escolar y el desarrollo de una convivencia en la escuela.
        - Recursos que se utilizaran
        - Calendario de actividades
        - Calendario de observaciones
        - Actividades de acompañamiento de tutor para mejorar la práctica educativa de nuevo ingreso.
    - Actividades adicionales en base a las necesidades del tutor que se identifiquen en el transcurso de la tutoría.
    - Una semana antes de que culmine el ciclo escolar se realizará un balance que permita valorar los alcances en función del plan de

trabajo y actividades adicionales realizadas a lo largo del año, así como las líneas de trabajo para continuar con la tutoría.
- **Actividades:** Durante el ciclo escolar se realizan:
  - Reuniones entre el tutor y tutorado, una inicial donde se va a elaborar el plan de trabajo, dos presenciales como mínimo de una duración de 3 horas por bimestre y una reunión final donde se dará a conocer el balance de la tutoría
  - Observaciones: durante el ciclo escolar, donde el tutor realizará al menos 3 observaciones al trabajo docente del tutorado. El día que se realice la observación se dialogará con el tutorado para favorecer la reflexión de la práctica y la toma de decisiones y mejorar el trabajo docente
  - Comunicación: tutor y tutorados se mantendrán comunicados en diversos tiempo y forma, acorde a las necesidades de los tutorados en el transcurso del ciclo escolar, considerando que el tutor destinara 3 horas semanales para atender a los tutorados, este tipo de comunicación se realizará fuera del horario escolar y de manera directa y en caso de requerirlo mediante el correo electrónico, con el fin de comentar las necesidades de apoyo o problemas que el tutorado enfrente en la vida cotidiana de su aula y escuela.
  - Seguimiento: El tutor ingresa en el Sistema de Registro y Seguimiento para la Tutoría en Educación Básica, evidencias de trabajo realizado con los tutorados en los periodos que se establecieron por la Coordinación Nacional del Servicio Profesional Docente. Las claves de acceso a la plataforma se otorgarán mediante una notificación vía correo electrónico personal a través del Sistema de Registro y Seguimiento.
  - Supervisión de Zona Escolar y AEL: el supervisor y tutores de zona escolar convocaran y coordinaran de manera semestral, una reunión por lo menos con los tutorados para llevar las acciones de intercambio y análisis de experiencias.

1.5.2. Modalidad en línea

Este tipo de modalidad se desarrolla a través de una plataforma virtual, la cual está organizada en módulos, cuyos contenidos se basan en los parámetros e indicadores del perfil Docente y del Técnico Docente, Cada módulo se desarrollara en 4 semanas.

Al inscribirse a dicha modalidad virtual los tutores y tutorados se responsabilizan de realizar la totalidad de actividades planteadas en la plataforma.

Su finalidad es atender necesidades formativas de los Docentes y Técnicos Docentes de nuevo ingreso, mediante el diálogo profesional y trabajo colaborativo. Esta modalidad requiere trabajo individual, colectivo, síncrono y asíncrono para favorecer la interacción continua y desarrollo de habilidades para manejar tecnologías de la información y comunicación.

Características de la tutoría en Línea:

- **Tutor:** los Docentes y técnicos docentes de nuevo ingreso son atendidos durante dos años por el mismo tutor, a excepción de alguna incidencia que amerite la revocación de la función.
    - Un grupo de tutoría se conforma por un tutor y tutorados, cada uno de ellos debe atender a un grupo de 10 tutorados, asegurándose de que laboren en el mismo nivel, tipo de servicio educativo, organización escolar, asignatura, tecnología o taller
    - La tutoría se imparte a través de una plataforma virtual (Moodle)
- **Tiempo:** la tutoría se organiza en 8 módulos el cual tiene una duración de 4 semanas.
- **Espacio:** es virtual en una plataforma diseñada específicamente para ese fin.
- **Organización:** las actividades a realizar por tutores y tutorados de manera semanal son las siguientes:

Tutor

- Conoce materiales de apoyo para orientar a los tutorados.
- Abre foros de discusión y fomenta la participación y da seguimiento a la misma.
- Organiza y lleva un diálogo síncrono
- Orienta a los tutorados en la elaboración del trabajo individual
- Realiza un reporte semanal en la plataforma de seguimiento
- Atiende dudas en el foro respecto al trabajo individual.
- Revisa trabajo individual de los tutoraros y realiza retroalimentación (Semana cuatro de cada módulo)
- Completa el reporte de seguimiento correspondiente a cada módulo

Tutorado

- Revisa los materiales de apoyo
- Participa en el foro de discusión.
- Participa en el diálogo síncrono.
- Realiza evaluación de la semana.
- Avanza en la realización de trabajo individual.
- Responde un cuestionario al finalizar los módulos.
- Envía su trabajo individual (semana cuatro) y se realiza revisión con pares.

Los contenidos de la tutoría son los siguientes

- **Actividad introductoria:** El conocimiento de la plataforma, tutor y compañeros de grupo.
- **I:** Incorporación a la comunidad escolar
- **II:** Construcción de ambientes favorables de aprendizaje
- **III:** Currículo vigente y su impacto en la práctica docente.
- **IV:** Atención a la diversidad de alumnos.
- **V:** Participación de los alumnos en las actividades didácticas.
- **VI:** Diseño e implementación de estrategias didácticas de aprendizaje.
- **VII:** Evaluación de aprendizajes con el fin de mejorar los aprendizajes.
- **VIII:** Evaluación del desempeño.

- **Actividades:** Para conocer los avances y actividades realizadas por el grupo en línea, el tutor requisita el reporte de seguimiento de manera semanal, al cual tendrá acceso con los datos proporcionados vía correo electrónico.
- **Supervisión de zona escolar y AEL:** organizará encuentros entre tutores, docentes y técnicos docentes de nuevo ingreso, independiente de su modalidad. Podrá ser de manera semestral en la modalidad que los atañe.

A continuación se presenta el calendario de inicio de los módulos de la tutoría en línea. 2017.

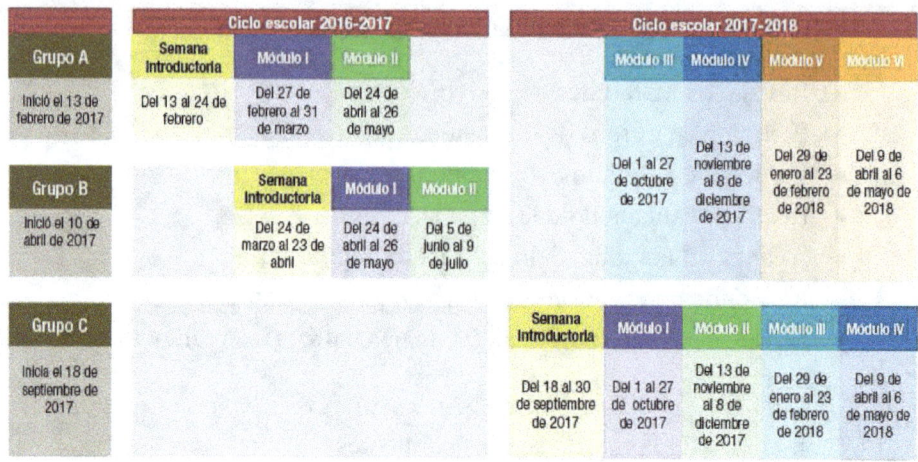

A continuación se presenta el calendario de inicio de los módulos de la tutoría en línea 2018.

Calendario de inicio de los Módulos de la Tutoría en línea. 2018

1.5.3. Modalidad de concentración

Esta modalidad está dirigida principalmente a los docentes y técnicos docentes de escuelas multigrado (preescolar y primaria) y telesecundarias, que tienen difícil acceso al servicio de internet de manera frecuente, ya que las condiciones de población en donde laboran, no es posible asignar un tutor de manera presencial.

Esta modalidad se caracteriza por desarrollarse en grupo y contar con acompañamiento de tutor. Cada grupo se conformara de 8 a 12 docentes que comparte el nivel educativo y modalidad. Las reuniones grupales se llevaran a cabo cada mes, en el lugar que establezca la Autoridad Educativa Local, tomando en consideración un lugar accesible para todos los integrantes de la tutoría.

En el marco general 2018 pasa de ser tutoría de concentración a modalidad de atención a zonas rurales la cual está basada en el diálogo entre tutor y docentes de nuevo ingreso, está organizada en 8 módulos, los cuales se desarrollaran a lo largo de los dos años de duración de la tutoría, lo que indica que cada ciclo escolar se realizara 4 módulos.

Cada módulo se conforma de dos encuentros, uno por mes, es así que en el ciclo escolar el tutor y tutorado tendrán 10 encuentros, ocho que corresponden a los cuatro módulos y dos más tomando en cuenta el de inicio y cierre (2018).

Los encuentros son reuniones para intercambiar experiencias, analizar retos, reflexionar ideas, saberes, concepciones, dar recomendaciones y sugerencias de actuación, así como la revisión de materiales.

A continuación se muestra la organización de la tutoría:

PRIMER CICLO ESCOLAR									
	Módulo I		Módulo II		Módulo III		Módulo IV		
Encuentro inicial 1	Encuentro 2	Encuentro 3	Encuentro 4	Encuentro 5	Encuentro 6	Encuentro 7	Encuentro 8	Encuentro 9	Encuentro de cierre 10

SEGUNDO CICLO ESCOLAR									
	Módulo V		Módulo VI		Módulo VII		Módulo VIII		
Encuentro inicial 11	Encuentro 12	Encuentro 13	Encuentro 14	Encuentro 15	Encuentro 16	Encuentro 17	Encuentro 18	Encuentro 19	Encuentro de cierre 20

El tutor deberá considerar la importancia de los tutorados:

- Planificar el proceso de enseñanza acorde a las características del grupo que atienden, considerando los libros de texto gratuito y diversifiquen el uso de materiales de apoyo con los que cuenten los alumnos.
- Conocer las diferentes formas de organizar a los alumnos para dar atención de manera simultánea y lograr niveles equivalentes de aprendizaje para todos de manera inclusiva.
- Organizar al grupo y planificar actividades de enseñanza cuya finalidad es aprovechar al máximo el tiempo y evitar que los alumnos tengan momentos de espera prolongados.

- Valore la diversidad lingüística y cultural de los alumnos y lo aprovechen para enriquecer el proceso de enseñanza y aprendizaje.
- Respetar y propiciar el derecho de las niñas, niños y adolescentes para aprender en su lengua materna.
- Preparar un encuentro con la comunidad donde se ubica la escuela y desarrolle estrategias de comunicación e inserción en la misma.

Retomados en el Margo general 2017 y 2018.

Características de la tutoría de concentración (2017)

- **Tutor:** se asignará un tutor por cada grupo de 8 a 12 docentes, del mismo nivel educativo, forma de organización o modalidad que los tutorados. Tutor y tutorados laboraran en escuelas multigrado, telesecundaria de la misma región de manera preferencial.
- **Tiempo:** se organiza por módulos, 8 en total y cada uno tiene una duración de 8 semanas. Para llevar a cabo la tutoría se programa en horarios que no afecten la normalidad mínima de operación escolar ni se desatienda a los alumnos.
- **Espacios:** la tutoría se llevará en el espacio que la autoridad determine correspondiente, accesible, cómodo y seguro para los participantes.
- **Organización:** cuenta con la siguiente organización
    - Al inicio del ciclo escolar o en el momento que se dé inicio a la tutoría, tutor y tutorado tendrán un encuentro de manera presencial en que realizaran las actividades señaladas en la guía encuentro de tutoría, basándose en dicho documento se acuerdan las pautas y actividades básicas a desarrollar, etc.
    - En un periodo de 8 semanas el tutor y tutorado revisaran los materiales de manera independiente. Tutorados llevan las actividades señaladas en las orientaciones para preparar la participación individual en su siguiente encuentro de tutoría, las cuales compartirá con sus colegas y tutor reflexiones y experiencias en la siguiente reunión.
    - En el encuentro de manera grupal el tutor y docentes realizan las actividades mencionadas en la guía de encuentro de tutoría.
    - La reunión se centra en dos acciones: a) compartir experiencias de manera individual y b) establecimiento de acuerdos para la siguiente reunión. Se apoyarán de dichas guías y orientaciones de material

virtual solo en aquellos casos que se facilite el acceso, de manera esporádica.
- **Contenido:** la tutoría se organiza en 10 encuentros para cada ciclo escolar, los cuales podrán realizarse en contra turno o sabatina que estén próximas a los Consejos Técnicos de Zona Escolar, conforme lo dictamine la Autoridad Educativa Local.

Contenidos de la tutoría de concentración:

		Módulo/Encuentros	Contenidos
Primer ciclo escolar		Inicial	El conocimiento del Tutor y los compañeros de grupo.
	I	1 y 2	La incorporación a la comunidad escolar.
		3 y 4	La construcción de ambientes favorables para el aprendizaje.
	II	5 y 6	El currículo vigente y su impacto en la práctica docente.
		7 y 8	La atención a la diversidad de los alumnos.
		Final	Balance del trabajo realizado.
Segundo ciclo escolar		Inicial	El conocimiento del Tutor y los compañeros de grupo.
	III	1 y 2	La participación de los alumnos en las actividades didácticas. Encuentro inicial del ciclo escolar.
		3 y 4	El diseño e implementación de estrategias didácticas para el aprendizaje.
	IV	5 y 6	La evaluación de los aprendizajes con fines de mejora.
		7 y 8	La Evaluación del Desempeño.
		Final	Balance del trabajo realizado.

- **Actividades:** Para conocer las actividades que realizar el tutor con sus tutorados, el tutor incorporará las evidencias
- **Supervisión de Zona Escolar y AEL:** esta modalidad se basa en los encuentros de manera grupal con el apoyo de la AEL y de supervisores de zona, por lo que se deberían realizarse lo siguiente:
  - Al inicio de la tutoría
  - Dos encuentros por módulo
  - Conclusión de la tutoría.

1.6. Docentes y técnicos docentes sujetos de tutoría

- Recibirá apoyo de tutoría aquellos que participaron en el concurso de oposición para el ingreso a la educación básica conforme a su ubicación en las listas de prelación, que garantiza el derecho de ingreso de manera formal al Servicio Profesional Docente ocupando una plaza vacante, de nueva creación o definitiva.

- Recibirán apoyo de tutoría quienes participaron en el concurso de oposición para el ingreso a la Educación básica, que desempeñe funciones de docente o técnico docente, ocupando plaza o nombramiento definitivo, sujeto a regularización. Adicionalmente deberá participar en los concursos de nivelación profesional, conforme a las áreas que requiera fortalecer, basado en el informe individual de Resultados obtenido del proceso de evaluación de ingreso.
- El ingreso se deberá realizar durante la vigencia de la convocatoria publicada los días 10 y 11 de abril del 2014; es decir del 16 de agosto del 2014 al 31 de mayo de 2015. Durante ese periodo y de manera quincenal se solicitará personal para el desempeño de funciones de tutoría, como resultado de una estrategia para conformar un cuerpo de potenciales tutores, los cuales deberán superar significativamente las necesidades existentes. Adicional, las Autoridades Educativas Locales proveerán de manera anticipada la convocatoria para los interesados en desempeñar funciones de tutoría, atendiendo la dinámica laboral y de ingreso de los nuevos docentes y técnicos docentes.

Características de la tutoría de atención a zonas rurales (2018)

- **Tutor:** El tutor puede pertenecer a:
    - Escuelas multigrado de educación preescolar general o indígena
    - Escuelas multigrado de educación primaria general o indígena
    - Escuelas telesecundarias (nivel o tipo de servicio educativo no mezclado en un grupo) la sugerencia es que sea de la misma región
- **Tiempo:** Esta organizada en 8 módulos a los largo de la tutoría de dos años, el cual cada módulo dura 8 semanas. Para llevarse acabo de programa en horarios que no interfieran con la Normalidad Mínima de Operación Escolar ni se desatienda al alumnado. En cada módulo se tendrán 2 encuentros presenciales (uno por mes), cada grupo se reunirá cada mes por 5 horas mínimo.
- **Espacios:** la tutoría se realizará en el espacio que establezca la Autoridad correspondiente y debe ser accesible, cómodo y seguro.
- **Organización:** La tutoría cuenta con la siguiente organización
    - Al inicio del ciclo escolar en donde se tendrá un encuentro presencial en el que la que se llevaran a cabo las actividades señaladas en la guía encuentro de tutoría, en el cual se marcan las pautas y actividades a desarrollar.

- Durante las 8 semanas el tutor y tutorados revisaran el material de apoyo de manera independiente, aunado a esto se llevaran a cabo las actividades señaladas en las orientaciones para preparar la participación individual en el siguiente encuentro.
- En el encuentro grupal se realizaran actividades que son mencionadas en la guía encuentro de tutoría.
- Cada encuentro estará centrado en tres acciones: a) compartir experiencia individual, b) análisis y reflexión y c) establecimiento de acuerdos para la siguiente reunión. Se podrán apoyar de guías y orientaciones con material virtual en el caso de que sea de fácil acceso aunque no sea de manera continua.
- **Contenido:** Esta organizado en 10 encuentros por ciclo escolar, realizados en contra turno o en sesiones sabatinas que estén cercanas a los Consejos Técnicos Escolares, dependiendo de lo establecido por la AEL. Los contenidos se dividen de la siguiente manera:

Contenido de la tutoría para zonas rurales

	Módulo	Encuentros	Contenidos
Primer ciclo escolar	No aplica	Inicial del ciclo. 1	El conocimiento del Tutor y los compañeros de grupo.
	I	2 y 3	La incorporación a la comunidad escolar.
	II	4 y 5	La construcción de ambientes favorables para el aprendizaje.
	III	6 y 7	El currículo vigente y su impacto en la práctica docente.
	IV	8 y 9	La atención a la diversidad de los alumnos.
	No aplica	Final del ciclo 10	Balance del trabajo realizado.
Segundo ciclo escolar	No aplica	Inicial del ciclo 11	Encuadre del segundo año de Tutoría.
	V	12 y 13	La participación de los alumnos en las actividades didácticas.
	VI	14 y 15	El diseño e implementación de estrategias didácticas para el aprendizaje.
	VII	16 y 17	La evaluación de los aprendizajes con fines de mejora.
	VIII	18 y 19	La Evaluación del Desempeño.
	No aplica	Final de la Tutoría 20	Balance del trabajo realizado.

- **Actividades:** para conocer las actividades que se van a realizar, el tutor debe de incorporar las evidencias del trabajo al finalizar cada encuentro en la plataforma de Sistema de Registro y Seguimiento para la Tutoría, las calves de acceso serán proporcionadas a través de una notificación vía correo electrónico.

- **Supervisión de Zona Escolar y AEL:** esta modalidad se basa en los encuentros grupales que se realicen con el apoyo de la AEL y de las supervisiones de zona escolar, por lo que deberán realizar lo siguiente:
  - Inicio de la tutoría
  - Dos encuentros por módulo (diez por ciclo escolar)
  - Concluir la tutoría
  - Desarrollo y seguimiento de la tutoría es responsabilidad de los supervisores de cada entidad.

1.7. Del perfil del tutor y sus dimensiones

El perfil del tutor se construye partiendo de las cinco dimensiones básicas del perfil docente y técnico docente, en los 3 niveles de educación básica (preescolar, primaria y secundaria), sus características están en función de las capacidades que debe tener en términos profesionales y personales, para el logro de resultados satisfactorios en el desarrollo profesional del tutorado dentro del ámbito escolar.

Las dimensiones del perfil tutor hace alusión a los dominios comunes para el ingreso en la función docente o técnico docente, así como los referentes para la tutoría, esto conforma el conjunto de competencias que el docente o técnico docente debe desempeñar en las funciones de la tutoría:

Dimensiones del perfil del docente y técnico docente:

- Conoce a sus alumnos, como aprenden y lo que deben aprender
- Organiza y evalúa el trabajo educativo y realiza una intervención didáctica pertinente.
- Se conoce cómo profesional que mejora de manera continua para apoyar el aprendizaje de los alumnos.
- Asume responsabilidades legales y éticas inherentes a su profesión por el bienestar de los alumnos.
- Participa en el funcionamiento eficaz de la escuela y fomenta un vínculo con la comunidad que asegure que todos los alumnos concluyan con éxito su escolaridad.

Estas dimensiones se mantienen en el marco general para la organización y el funcionamiento de la tutoría en educación básica. Docentes y Técnicos Docentes de nuevo ingreso. Ciclos escolares 2017-2018 y 2018-2019. (2017).

Dominios específicos del tutor:

- Escucha a los miembros de la comunidad escolar y está dispuesto a orientar en problemas específicos en las estrategias de enseñanza.
- Cuenta con las habilidades comunicativas orales y escritas, genera un clima de confianza con las personas con las que se relaciona y lidera ambientes de trabajo favorables de manera colectiva.
- Organiza su experiencia docente de manera eficaz para transmitir en función del contexto personal y colectivo de otros miembros del centro escolar.
- Actúa con principios de responsabilidad, cooperación, colaboración, solidaridad y corresponsabilidad.

En el Marco general para la organización y el funcionamiento de la tutoría en educación básica. Docentes y Técnicos Docentes de nuevo ingreso. Ciclos escolares 2017-2018 y 2018-2019. (2017). A continuación se enlistan los rasgos específicos del Perfil del Tutor.

- Clima de confianza y respeto entre los tutorados para el diálogo y análisis de prácticas nuevas.
- Reconoce la importancia de reflexionar sobre su práctica docente al identificar situaciones que necesitan mejorarse para que se propicie el aprendizaje de los alumnos, acorde a las características de los mismos.
- Planificar con los tutorados los procesos de mejora en las prácticas de enseñanza, tomando en cuenta el contexto en el que se realizan, características de los alumnos y habilidades de los docentes de nuevo ingreso.
- Orientas a los tutorados para que implementen acciones que permitan mejorar sus prácticas educativas, donde se atiendan los aspectos que sean posibles modificar y represente un aprendizaje y desafío.
- Guía a los tutorados para que evalúen positivamente los resultados de mejora, como motivación y se planteen nuevos retos de manera profesional.
- Establecer un ambiente propicio para la tutoría y actúa basándose en la empatía, comprensión y corresponsabilidad.

Este marco, refiere a las dimensiones del perfil del tutor como las características, cualidades y aptitudes comunes al personal docente y técnico docente para el ejercicio de su función, así como las características específicas para la tutoría, las cuales conforman las competencias que el tutor debe desempeñar para su función. Estas se mantienen en el Margo general del 2018

1.8. Funciones del tutor.

En educación básica el tutor deberá desempeñar funciones que permitan una mejora constante en la práctica de los docentes y técnicos docentes de nuevo ingreso. Las funciones de la tutoría se adaptarán a las características particulares de los centros escolares donde se llevará acabo, tomando en cuenta el nivel, servicio educativo, modalidad, asignatura, tecnología o taller que corresponda.

Las funciones del tutor son las siguientes:

- Observa el trabajo cotidiano del tutorado, planifica la observación de algunas clases y con la experiencia brindar retroalimentación en una relación de diálogo, otorgando recomendaciones pertinentes para mejorar su desempeño en el aula.
- Comparte su experiencia y conocimiento relacionados para el logro de los aprendizajes de los alumnos, elementos del Plan y Programas de Estudio, estrategias y situaciones didácticas para su implementación en el aula, dando mayor énfasis a lectura, escritura y pensamiento matemático.
- Estimula el conocimiento de las formas de pensamiento, comportamiento y estilos de aprendizaje de alumnos con la finalidad de que el tutorado desarrolle estrategias didácticas acordes al contexto sociocultural de sus alumnos.
- Propone estrategias para favorecer la permanencia, promoción de grado y eficiencia terminal de los alumnos.
- Orienta al tutorado sobre la importancia de contar con evidencias del trabajo que se desarrolle con los alumnos a lo largo del ciclo escolar.
- Facilita al tutorado herramientas y técnicas de evaluación para verificar el avance y el logro de los aprendizajes de los alumnos.
- Diseña y sugiere estrategias para que observe las formas de organización, funcionamiento y normas que rigen la escuela, logrando la integración y contribuya al desarrollo escolar.
- Comparte la reflexión de estrategias para la organización y aprovechamiento efectivo del tiempo escolar.

- Recomienda distintas formas de comunicación con las familias de los alumnos, basado en el conocimiento y experiencia sobre la comunidad.
- Invita al docente de nuevo ingreso a reflexionar sus avances, áreas de oportunidad y proponga acciones para atenderlas.
- Exhorta al tutorado a conocer sus necesidades de capacitación, actualización y superación con la finalidad de que realice una valoración y tome una decisión que favorezca su desarrollo profesional.
- Ordena y registra los avances y logro de la tutoría que se lleve a cabo.

1.9. Plan de trabajo para la tutoría

El plan de trabajo es un acuerdo entre tutor y tutorado, su construcción se realizará a través de lo dialogado y compartir expectativas sobre el acompañamiento, apoyo y segui8miento a desarrollar. Será una serie de acciones acordadas por los interesados con el propósito de mejorar la enseñanza del docente o técnico docente de nuevo ingreso.

- Al inicio de la tutoría se realizará una reunión entre tutor y tutorado cuyo propósito es el diálogo acerca de las expectativas de cada uno y refrendar el compromiso mutuo que genere un ambiente propicio para el desarrollo de la tutoría.
- En la primer reunión se acordará el plan de trabajo que se llevara acaba en el primer año de la tutoría, este plan incorporará metas específicas sobre los siguientes aspectos:
    a) Responsabilidades de cada uno basado en las prioridades de la educación básica: mejora de las competencias en lectura, escritura y matemáticas, normalidad mínima de operación escolar, disminución del rezago y abandono escolar y el desarrollo de una buena convivencia escolar.
    b) Momentos de observación
    c) Calendario de observaciones
    d) Establecer prioridades de enseñanza que necesiten atención inmediata
    e) Actividades de acompañamiento y seguimiento para el desarrollo de estrategias de enseñanza.
- Una semana antes de finalizar el ciclo escolar el tutor y tutorado tendrán una reunión de balance respeto al trabajo de la tutoría. Esto permitirá

valorar lo alcanzado en el plan de trabajo, actividades realizadas, lo que permitirá trazar líneas de trabajo para continuar con las labores de tutoría.
- Para el periodo del primer año de tutoría y en el segundo año, tutor y tutorado deberán acordar el plan de trabajo, retomando la dinámica del primer año y al balance cubierto, establecerán acciones necesarias para que el docente de nuevo ingreso alcance el nivel de desempeño profesional que exige que los alumnos logren el máximo aprendizaje.

1.10. Observaciones de clase

- El tutor deberá realizar durante el primer año, al menos 3 observaciones de clase con la propuesta del siguiente calendario:
  a) 1ª observación de clase: última semana de noviembre
  b) 2ª observación de clase: última semana de marzo
  c) 3ª observación de clase: última semana de Junio.
- Para el caso de que docente o técnico docente ingrese posterior al ciclo escolar, las observaciones se realizarán cada 3 meses y 15 días. Esto es ajustable tomando en cuenta la fecha de ingreso y periodo de evaluación de los alumnos.
- El día, hora y duración de la observación será de acuerdo al plan de trabajo elaborado entre tutor y tutorado.
- El tutor utilizará un guion de observación, el cuál será elaborado por el y no se requerirá de un formato en específico, estará abierto a las técnicas y formas de observación cualitativa dentro del aula.
- Si es un acuerdo mutuo, solo a partir de la segunda observación el tutor podrá utilizar distintos instrumentos audiovisuales para el registro de observación, cuidando que el instrumento no modifique el sentido de la observación de ser así se abstendrá de hacerlo. Su único propósito de estos instrumentos es aportar mayores elementos de análisis y diálogo para la mejora de la enseñanza del docente o técnico docente de nuevo ingreso.
- El mismo día que se realice la observación se realizará un encuentro de diálogo para retroalimentar lo observado y fortalecer la autorreflexión del tutorado para que mejore su formación profesional y mejore sus prácticas de enseñanza.
- El diálogo posterior a la observación es con el fin de ayudar al tutorado para que establezca asuntos prioritarios de la práctica docente pertinentes para mejorar su desempeño frente a grupo.

- La observación y diálogo se hará de manera respetuosa para ambos. Es responsabilidad del tutor conversar con el tutorado, antes y después de la observación para establecer un clima de confianza que permita que el técnico docente o docente de nuevo ingreso sienta el acompañamiento.
- El tutor y tutorado determinaran tener reuniones para conversar de manera profesional y atender necesidades específicas del trabajo del tutorado. La relación de colaboración cotidiana entre ambos es imprescindible para la mejora de las prácticas de enseñanza y es una parte fundamental de la tutoría.

1.11. De las reuniones de tutorados

- A lo largo del ciclo escolar los docentes técnicos o técnicos docentes de nuevo ingreso de la zona escolar, a convocatoria por vía de supervisión escolar, se tendrán reuniones con la finalidad de intercambiar experiencias, inquietudes, formas de organizar e impartir las clases, maneras de interacción con el tutor y el resto del personal de la escuela, vínculos y relaciones con los padres de familia.
- Los supervisores escolares se encargaran de programar los espacios y horarios que favorezcan dichas reuniones, procurando respetar la normalidad mínima de operación.
- Los tutores tendrán reuniones a nivel zona escolar con la finalidad de intercambiar puntos de vista y experiencias sobre la tutoría, el día, hora y lugar será programado por supervisión escolar, respetando normalidad mínima.

1.12. Antecedentes de la tutoría

González (s/f) hace mención a que la acción tutorial se remonta desde la época primitiva siempre hubo quien se encargará de dar orientación y enseñanza de todo el conocimiento acumulado a los más jóvenes. En la polis griegas la mamá se ocupaba de la educación de los hijos, pero entre las familias adineradas se contaba con una nodriza que además de prestar los cuidados necesarios, también se encargaba de transmitir buenas costumbres, tradiciones, etc, cuando el niño cumplía determinada edad pasaba a estar bajo la tutela de la un preceptor o pedagogo quien normalmente era un esclavo, el cual se encargaba de velar por las costumbres, lo acompañaba a las clases.

En la literatura occidental el termino mentor proviene del libro la Odiseo escrito por Homero, en el cual el mentor era un personaje educador y consejero de Telémaco, de la misma manera en la antigua Grecia en los siglos IV y V a.C los filósofos ya se tutorizaban como Sócrates enseñó a Platón el cuál tiempo después se convertiría en el encargado de la Tutela y formación de Alejandro Magno. La relación que existía era de preceptor-discípulo el cuál era unidireccional, los conocimientos eran transmitidos por la persona que conocía a la persona que iba a aprender, jamás al revés. Poco tiempo después en la época medieval aparece la tutoría como un apoyo de enseñanza de manera personalizada que se realizaba en los talleres medievales, en el cuál había un maestro que tenía a su cargo a uno o más aprendices.

En España se señala a Juan Huarte de San Juan como uno de los pioneros en la orientación y tutoría quien en su obra de "Examen de Ingenios para las Ciencias" señalaba que la enseñanza debía ser de acuerdo a la personalidad y naturaleza del alumno. Por lo que se entiende como acción tutorial a la tarea orientadora que atiende las características diferenciales del alumno, en otras épocas diversos autores ya hacían mención a la tutoría sin darle el termino formal como tal, un claro ejemplo de las pedagogías que incluyeron este termino sin saberlo son la de Comenius, Rosseau, Pestalozzi, Manjón, Dewey, Montessori, Decroly.

A partir de los cincuentas cuando se dio una apertura en la enseñanza y se dio paso a un proceso de institucionalización esto gracias a la creación de diferentes instituciones y revistas de Educación que definieron a la tutoría como parte del quehacer docente en las instituciones.

1.13. Teoría

Duran (2014) comenta que la tutoría tiene sus inicios en la revolución francesa esto gracias a la situación de las instituciones escolares por la falta de profesores y el aumento de alumnos. Es por ello que ocupaban a los alumnos mas avanzados para que ellos suplieran al profesor y se encargaban de la enseñanza y transmitir el conocimiento a los tutelados, es así que se establecía una interacción unidireccional en la que no se esperaba que el alumno (tutor) por ser el de mayor conocimiento aprendiera. Actualmente se sitúa al alumno en el centro del aprendizaje por lo que es necesario darle las herramientas necesarias para que tenga un autoconocimiento y pueda ser participe activo del proceso de aprendizaje tomando sus propias decisiones.

La tutoría entre iguales puede verse como un método cooperativo por las características y fundamentos ya que le da la posibilidad a los estudiantes de ser mediadores del aprendizaje al utilizar las diferencias entre ellos tanto motriz como de nivel para la generación del aprendizaje.

Duran. D (2014) cita a Topping (2000) quien describe a la tutoría como la vinculación entre personas que pertenecen a situaciones sociales similares, que no son profesionales de la educación y que se ayudan a aprender a la que también aprenden. Otra concepción es Duran y Vidal (2004) quien entiende a la tutoría como un método de aprendizaje basado en la creación de parejas iguales que tienen una meta en común que es conocido y que comparten que se va a logar a través de una relación planificada previamente con el profesor. Topping (1996) menciona que hay distintos tipos de tutoría entre iguales y que se va a definir con base en los objetivos, contenidos curriculares a la que se encamine la tutoría, la etapa en la que se va a implementar la tutoría, aspectos temporales.

Topping (1998) distingue dos tipos de tutorías la tutoría entre alumnos de distinta edad y la tutoría entre alumnos con la misma edad y mismo curso.

CAPITULO II.
MARCO LEGAL PARA LA ASIGNACIÓN DE TUTORES DOCENTES DE NUEVO INGRESO

2.1. Constitución política de los estados unidos mexicano

La constitución Política de los Estados Unidos Mexicano es la Ley Suprema del sistema jurídico mexicano, la cual fue promulgada el 5 de febrero de 1917 por Venustiano Carranza en el Teatro de la República de la ciudad de Querétaro entro en vigor en Mayo del mismo año.

La Constitución contiene los principios y objetivos de la nación. Establece la existencia de órganos de autoridad, sus facultades y limitaciones, así como los derechos de los individuos y las vías para hacerlos efectivos. Contiene 136 artículos y 19 transitorios, distribuidos en nueve títulos:

Título Primero.

Capítulo I. De los Derechos Humanos y sus Garantías.

Capítulo II. De los Mexicanos .

Capítulo III. De los Extranjeros.

Capítulo IV. De los Ciudadanos Mexicanos.

Título Segundo.

Capítulo I. De la Soberanía Nacional y de la Forma de Gobierno.

Capítulo II. De las Partes Integrantes de la Federación y del Territorio Nacional.

Título Tercero.

Capítulo I. De la División de Poderes.

Capítulo II. Del Poder Legislativo.

Capítulo III. Del Poder Ejecutivo.

Capítulo IV. Del Poder Judicial.

Título Cuarto. De las Responsabilidades de los Servidores Públicos, Particulares Vinculados con Faltas Administrativas Graves o Hechos de Corrupción, y Patrimonial del Estado.

Título Quinto. De los Estados de la Federación y de la Ciudad de México.

Título Sexto. Del Trabajo y de la Previsión Social.

Título Séptimo. Prevenciones Generales.

Título Octavo. De las Reformas de la Constitución.

Título Noveno. De la Inviolabilidad de la Constitución.

2.1.1. Artículo 3°

El artículo 3° de la Constitución Política de los Estados Unidos Mexicanos (2014) hace mención que todo individuo tiene derecho de recibir educación. Los encargados de impartir educación preescolar, primaria y secundaria conforman la educación básica las cuales serán de carácter obligatorio, los encargados de impartirla son el estado-federación, estados, Distrito Federal y Municipios.

La educación impartida por el estado desarrollara armónicamente las facultades del ser humano, fomentará el amor a la patria, respeto a los derechos humanos y le creara una conciencia de la solidaridad internacional, en la independencia y en la justicia.

Se garantizará la calidad de la educación obligatoria logrando así que los materiales y métodos educativos, la organización escolar, la infraestructura y la idoneidad de los directivos y docente garanticen el logro de los aprendizajes de los educandos.

I. El artículo 24 garantizara la libertad de creencias, la educación será laica.
II. La orientación de la educación se basa en los resultados del progreso científico, se luchara contra la ignorancia y lo que esto conlleva, servidumbres, fanatismos y prejuicios.

Además

a) Será democrática no solo políticamente hablando, si no como una forma de vida luchando por mejorar la economía, la sociedad y la cultura del pueblo.
b) Sera nacional ya que atenderá la comprensión de los problemas, aprovechamiento de recursos, defender la independencia política, económica y continuidad y crecimiento de la cultura.
c) Contribuirá a mejorar la convivencia humana con la finalidad de fomentar el aprecio a la diversidad cultural, dignidad, integridad de la familia, convicción del interés general de la sociedad, fraternidad, igualdad de derechos, evitando privilegios de raza, religión, grupo, seco o individuos.
d) Será de calidad, con miras del mejoramiento constante y máximo logro académico.

III. Para que lo anterior se cumpla el ejecutivo federal será quien diseñe los planes y programas de estudio de preescolar, primaria, secundaria y normal a nivel federación. Para que esto se cumpla el Ejecutivo Federal tomará en cuenta la opinión de los gobiernos de los Estados y del Distrito Federal, así como los diversos sectores sociales involucrada en la educación (maestros y padres de familia) según lo marque la ley. El ingreso al servicio profesional, promoción a cargos de dirección o supervisión en educación básica y media superior que imparta el Estado se llevara a cabo mediante concursos de oposición los cuales garantizaran la idoneidad de los conocimientos y capacidades que correspondan. La ley correspondiente se encargará de fijar los criterios y términos de evaluación obligatoria para el ingreso, promoción, reconocimiento y permanencia respetando los derechos de los trabajadores de la educación. Los ingresos que no sean conforme a lo dispuesto en la ley serán considerados nulos. No será aplicable a instituciones que menciona la fracción VII.

IV. La educación impartida será gratuita

V. Además de impartir educación preescolar, primaria, secundaria y media superior el estado se encargará de atender y promover los tipos y modalidades educativos, incluida la educación inicial y la superior que serán necesarios para el desarrollo de la nación, se apoyará la investigación científica y tecnológica, se difundirá y fortalecerá la cultura.

VI. Las instituciones particulares podrán impartir educación en los diversos tipos y modalidades. La ley otorgará y retirará el reconocimiento de la validez oficial de los estudios. En el caso de preescolar, primaria, secundaria y normal los particulares beberán:

a) Impartir educación apegada a los fines y criterios de la fracción II, así como cumplir con los planes y programas referidos en la fracción III.
b) Obtener la autorización del poder público conforme a la ley.

2.2. Ley general del servicio profesional docente (lgsp)

2.2.1. Articulo 21

La ley General de Educación (2018) en el artículo 21 el cual enuncia que para ejercer funciones docentes en las instituciones establecidas por el Estado los maestros beberán cumplir una serie de requisitos que son señaladas por las autoridades competentes.

Para garantizar la calidad educativa de carácter obligatoria los particulares evaluarán el desempeño de los docentes que presten sus servicios en dichas instituciones, basados en los lineamientos expedidos por el Instituto Nacional para la evaluación de la Educación (INEE) que evalúa el desempeño de los docentes en educación básica y media superior en instituciones públicas

2.3. Marco general para la organización y el funcionamiento de la tutoría en educación básica 2016-2017 y 2017-2018, el manual para el tutor del docente y del técnico docente y el taller ser tutor de un docente o técnico docente de nuevo ingreso en educación básica.

La coordinación Nacional del Servicio Profesional Docente, Dirección General de Formación y Desarrollo Profesional (s/f) expide un documento llamado Marco general para la organización y funcionamiento de la Tutoría en Educación Básica. Docentes y Técnicos Docentes de nuevo ingreso ciclos escolares 2014-2015 y 2015-.2016.

En su marco jurídico menciona lo siguiente: artículo 3° constitucional que habla sobre la educación obligatoria de manera que los materiales, métodos, organización escolar, infraestructura educativa e idoneidad de los docentes y directivos garanticen el logro de los aprendizajes de los educandos. Así mismo dictamina la evaluación obligatoria para ingresar al servicio, la promoción y reconocimiento de la permanencia al Servicio Profesional Docente respetando los derechos de los trabajadores.

Por otro lado en la Ley General de Educación en el artículo 3° se dictamina que el estado está obligado a ofrecer servicios educativos de calidad que garanticen el logro de los aprendizajes.

Se hace mención del artículo 21 de la Ley General del Servicio Profesional Docente (LGSPD) en el que se establece que el ingreso al Servicio Profesional Docente en el nivel de Educación Básica se llevará a cabo mediante un concurso de oposición que garantice la idoneidad de conocimientos, habilidades y capacidad de los docentes.

El artículo 22 de la LGSPD dictamina que con el objeto de fortalecer las capacidades, conocimientos y competencias del personal docente y técnico docente de nuevo ingreso, tendrá un acompañamiento de un Tutor que será asignado por la Autoridad Educativa de dos años. En este mismo artículo se establece que dicha autoridad realizará una evaluación al finalizar el primer de servicio con el fin de brindar apoyo y realizar un programa pertinente, cuando se concluya con los dos años de la tutoría se evaluará el desempeño del personal docente para conocer si su práctica favorece el aprendizaje de los alumnos y cumple con las exigencias necesarias para seguir desempeñando su función.

El artículo 47 de la LGSPD considera que la tutoría sea un movimiento lateral y que su selección de docentes que desempeñen dicha función se realice con los lineamientos expedidos por el Instituto Nacional para la Evaluación de la Educación (INEE).

El artículo segundo fracción X de los lineamientos para la selección de tutores que acompañaran al personal docente y técnico docente de nuevo ingreso en Educación Básica y Media Superior en el marco del Servicio Profesional Docente (SPD) estipular que el personal docente con funciones de Tutoría es el docente que en la educación básica y media superior cumple con los requisitos de la Ley General del Servicio Profesional Docente y de dichos lineamientos tiene la responsabilidad de brindar un conjunto de acciones sistemáticas de acompañamiento, apoyo y seguimiento de manera personalizada al nuevo docente en su incorporación como servidor público.

En el año 2017 la Coordinación Nacional del Servicio Profesional Docente expide otro documento sobre el marco general para la organización y el funcionamiento de la tutoría en Educación Básica. Docente y Técnicos Docentes de nuevo ingreso. Ciclos escolares 2017-2018 y 2018-2019, en su marco jurídico hace mención del artículo 3° de la Constitución Política de los Estados Unidos Mexicanos, artículo 3° de la Ley General de Educación, artículo 21, 22 y 47 de la LGSPD ya antes mencionados, a este marco jurídico agregan los lineamientos para la selección de Tutores que acompañan al personal docente y técnico docente de nuevo ingreso en Educación Básica y Media Superior. LINEE-10-2017, que son expedidos por el INEE en el que se establecen los requisitos, fases y procedimientos que sujetan a las Autoridades Educativas, Autoridades Educativas Locales, personal docente y técnico docente a que participe como aspirante para desempeñar tareas de tutoría y acompañamiento al personal docente y técnico docente de nuevo ingreso en Educación Básica.

En el Marco general para la organización y el funcionamiento de la Tutoría en Educación Básica. Docentes y técnicos Docentes de nuevo ingreso, ciclos escolares 2018-2019 y 2019-2020 se retoman los artículos anteriormente mencionados.

2.4. Procesos de selección de tutores

Requisitos para la función de la tutoría.

La participación para la tutoría según la Coordinación Nacional del Servicio Profesional Docente (s/f) es de manera voluntaria y se podrán proponer todos aquellos docentes y técnicos docentes que destacaran en el desempeño y cumplimiento de sus responsabilidades. Los requisitos que debe cumplir el aspirante a tutor son los siguientes:

- Título de nivel superior del nivel educativo que corresponde, el tipo de servicio, modalidad, asignatura, tecnología o taller que requiera el tutorado.
- Experiencia docente de al menos 5 años de servicio ininterrumpidos.
- Habilidad para el manejo de las TIC
- No haber incurrido en ninguna falta grave de incumplimiento de tareas instituciones.
- Tener nombramiento definitivo de la plaza que ocupa

Al igual que el marco expedido en el 2015 la participación es voluntaria y podrán proponerse los docentes o técnicos docentes que cumplan con los siguientes requisitos:

- Contar con título de licenciatura.
- Nombramiento definitivo como docente o técnico docente, desempeño de tareas por lo menos 3 años en el nivel educativo, servicio, modalidad, asignatura, tecnología, taller o función en la que se busque desarrollar las funciones adicionales de la tutoría.
- En el momento que se registre y hasta que se concluya su función, debe evitar desempeñar cargos de elección popular, cargos sindicales o funciones de representación sindical.
- Presentar evidencia de los elementos completos de la ficha técnica ver **Anexo 1**
- Habilidades en el manejo de tecnologías de la información y comunicación de manera particular para la modalidad en línea.
- Al momento de registrarse evitar desempeñar función de evaluador de desempeño, sea certificado o en proceso de certificación.
- No haber incurrido en alguna falta grave de cumplimiento en tareas instituciones en el servicio.
- En el caso de haber realizado la evaluación del desempeño, obtener el resultado suficiente.
- No contravenir en las disposiciones a la LGSP.

Estos requisitos se mantienen en el Marco general 2018

Publicación y difusión de las convocatorias para la selección de tutores

Las autoridades educativas locales darán a conocer la convocatoria a docentes y técnicos docentes frente a grupo para que desempeñe la función tutora, esto en el Marco general del 2017 y 2018.

La convocatoria debe contener los siguientes aspectos:

- Requisitos para inscribirse al proceso de selección.
- Documentos necesarios para la inscripción
- Tiempo de duración de la selección
- Lugar de entrega y recepción de documentos
- Procedimiento de selección
- Criterio de formulación de lista de prelación a aspirantes para tutor.

- Derechos y obligaciones para el desempeño de la tutoría
- Fechas y medios por los que se publicarán los resultados.

De manera adicional se deberá anexar el formato de solicitud para participar en el proceso de selección de tutoría ver **Anexo 2** el cual deberá de contar con los siguientes datos:

- Datos personales (Nombre, Registro Federal de Contribuyentes RFC, Clave única de Registro de Población CURP, edad, domicilio particular, teléfono fijo, celular y correo electrónico.
- Datos laborales: Clave de centro de trabajo CCT, zona escolar, años de servicio ininterrumpidos, servicio educativo, modalidad, asignatura, tecnología o taller.
- Formación académica: nivel de estudios, otros estudios, certificaciones, cursos, diplomados, especialidades, etc.

Los docentes y técnicos docentes que deseen participar en el proceso de selección y que cumplan con los requisitos, deberá de presentar ante su autoridad educativa inmediata, su formato de solicitud, los documentos anteriormente mencionados y una manifestación por escrito de conformidad para realizar las actividades propias de la función de tutoría ver **anexo 3.**

Conformación del expediente de los aspirantes

El director de la institución revisará la integración completa el expediente de los aspirantes:

- Formato de solicitud
- Documentación de la convocatoria
- Manifestación por escrito de conformidad

Ficha técnica ver **anexo 4** que incluye los siguientes elementos

- Nombre del aspirante
- Registro Federal de Contribuyentes (RFC)
- Clave Única de Registro de Población (CURP)
- Clave de Centro de Trabajo de Adscripción (CCT)
- Zona Escolar
- Nivel, servicio educativo, modalidad, asignatura, tecnología o taller.
- Función: docente o técnico docente

- Años ininterrumpidos laborando
- Preparación: título de nivel licenciatura, diplomado, especialización, maestría, doctorado, postdoctorado.
- Reconocimiento en el servicio profesional docente: certificaciones profesionales, publicaciones durante los últimos 3 años en materia educativa, premios obtenidos a nivel personal, estímulos obtenidos y carrera magisterial vigente.

En el documento del año 2017 al igual que en el 2015 las AEL emitirán la convocatoria estatal, previo al inicio del ciclo escolar, el cual irá dirigido a docentes y técnicos docentes frente a grupo para desempeñar funciones de tutoría presencial, en línea o de concentración, con la finalidad de seleccionar al número suficiente de tutores que sea proporcional a la población objetivo. Si así se requiere se podrá emitir una convocatoria extraordinaria dentro del ciclo escolar.

La AEL proporcionara información relacionada con la publicación de la convocatoria en el Sistema de Registro y Seguimiento para la Tutoría en Educación Básica acorde a los periodos establecidos por la Coordinación Nacional del Servicio Profesional Docente.

La convocatoria deberá contar con los siguientes aspectos:

- Descripción general y propósitos de la tutoría.
- Características de las modalidades que se ofertaran en la tutoría (presencial, línea o concentración)
- Requisitos de inscripción al proceso de selección.
- Documentos necesarios para la inscripción
- Lugar de entrega y recepción de documentos, según la modalidad.
- Periodo para la selección de tutores.
- Procedimiento de selección, según la modalidad.
- Criterio de formulación de listas de prelación de aspirantes a tutor por nivel, tipo de servicio, tipo de organización escolar, asignatura, tecnología o taller. Habrá una lista por cada modalidad de tutoría.
- Criterios de asignación de tutores.
- Obligaciones y derechos de los tutores.
- Fechas y medios de publicación de resultados.
- Consideraciones generales.

En el documento del 2017 para la integración de expedientes el director escolar o supervisor de la zona escolar (escuelas multigrado) verificará los expedientes de los solicitantes contenga la documentación específica anteriormente mencionada. Entrega la documentación correspondiente a los requisitos establecidos por los aspirantes.

Entrega de la documentación asociada a los requisitos establecidos para los aspirantes.

Los docentes que deseen participar y que cumplan los requisitos para la tutoría, deberán presentar al Director del plantel de adscripción o al supervisor de la zona escolar (escuelas multigrado), lo siguiente:

- Formatos de solicitud para desempeñar la función de tutoría acompañada de la documentación probatoria ver **anexo 5**.
- Carta compromiso donde se manifieste por escrito la conformidad para realizar las actividades de la función tutora, acorde a la modalidad elegida: presencial, línea o de concentración ver **anexo 6**.

Entrega de expedientes

Modalidad presencial: los directores de plantel presentarán a supervisión los expedientes integrados correctamente de los aspirantes para desempeñar la función de la tutoría, validan y presentan los expedientes al Comité Colegiado de Revisión.

Modalidad en línea: el supervisor recibirá y validará los expedientes de los aspirantes a desempeñar la función tutora, los cuales entregaran a la AEL quien es la encargada de organizar a los Comités Estatales Colegiados de Revisión.

Modalidad de concentración: El supervisor escolar será encargado de la recepción y validación de los expedientes de los aspirantes a desempeñar la función tutora, los entregara al Comité Estatal Colegiado de Revisión perteneciente al servicio educativo respectivamente y su adscripción se encuentre de manera preferencias en la misma región.

Esto es mencionado en el Marco general 2017 y 2018

Valoración de expedientes y llenado de Ficha Técnica.

En el documento del 2017 El Comité Colegiado de Revisión y los Comités Estatales Colegiados de Revisión valorarán los expedientes de los candidatos a tutor, acorde a su modalidad.

Para valorar a los aspirantes, los Comités requisitaran la ficha técnicas **Anexo 7**, a través de la cual se registrará la información y elementos de examinación para emitir la propuesta de los tutores, la cual contiene los siguientes datos: modalidad de la tutoría, datos personales (laboral y de formación académica).

Información arrojada de la valoración de los expedientes, conforme a los elementos del **anexo 8**, la cual sustentará la selección de tutores.

Los Comités Colegiados de considerarlo necesario entrevistaran a los aspirantes de tutor para ampliar la información basada en el expediente presentado, puede ser virtual o personal acorde a los posibilidades del aspirante.

En el caso de que los Comités Colegiados se vean imposibilitados para seleccionar a los tutores, la AEL realizará la asignación a partir de las listas de prelación de acuerdo con la modalidad.

Constitución y atribuciones del Comité Colegiado de Revisión.

Una de las acciones primordiales es la constitución de un Comité Colegiado de Revisión en cada zona escolar.

- El Consejo Técnico de Zona (CTZ), con la participación de docentes y técnicos docentes se constituirá un comité colegiado de revisión el cual se encargara de revisar y valorar los expedientes de cada aspirante.
- Los directivos de cada plantel educativo presentará su comité colegiado de revisión los expedientes integrados de la manera solicitada de los aspirantes para ser tutores.
- El comité colegiado de revisión valorará los expedientes presentados
- Para realizar la valoración de los aspirantes el comité colegiado de revisión procederá a la requisitación de la ficha técnica, en la cual se registrará la información y elementos para la emisión de propuestas de tutores.
- El comité colegiado de revisión mandará llamar a los aspirantes a una entrevista que amplié la información. (solo de ser necesario)
- En el caso de que el comité colegiado de revisión por distintas circunstancias se vea imposibilitado para la asignación de tutores, la

Autoridad Educativa Local realizará la asignación a partir de la lista de tutores.

En el marco general para la organización y el funcionamiento de la tutoría en educación básica. Docentes y Técnicos Docentes de nuevo ingreso. Ciclos escolares 2017-2018 y 2018-2019. (2017). La primera acción para la selección de tutores y técnicos docentes que realizarán funciones de tutoría, se integrara un Comité Colegiado de Revisión en cada zona escolar para el caso de la tutoría presencial, así como Comités Estatales Colegiados de Revisión por nivel educativo y de así requerirlo por servicio, organización escolar, asignatura o taller para el caso de la tutoría en línea y de concentración.

- **Modalidad presencial**

    El Comité Colegiado de Revisión:
    - Lo constituirá el Consejo Técnico de Zona Escolar.
    - Lo organizará y coordinará el supervisor de la zona escolar
    - Incluirá la participación adicional de un docente o técnico docente de las escuelas que tendrán personal de nuevo ingreso.

    Dicho comité se encargará de analizar y valorar los expedientes de los aspirantes a tutores en modalidad presencial para los ciclos escolares 2017-2018 y 2018-2019. Los docentes o técnicos docentes que se incorporen al Comité se les negarán la candidatura como tutores.

- **Modalidad en línea**

    Criterios para la constitución de Comités Colegiados de Revisión son:
    - Será organizado y coordinado por la AEL que establecerá el número de comité acorde a las necesidades del servicio por nivel educativo, tipo de servicio, tipo de organización escolar, asignatura o taller.
    - En cada Comité participará un representante de la AEL, supervisor escolar, directivo escolar y dos docentes.

    Dicho comité se encargará de analizar y valorar los expedientes de los solicitantes a tutores en la modalidad en línea para los ciclos escolares 2017-2018, 2018-2019. Los docentes que conformen el Comité se les negará la candidatura a tutores.

- **Modalidad de concentración o renombrada en el 2018 como modalidad de atención en zonas rurales.**
  Los criterios para la constitución de los Comités Estatales de Revisión son
    - Será organizada y coordinada por la AEL, la cuál establecerá el número de comités acorde a las necesidades en las escuelas multigrado (preescolar o primaria) y telesecundaria
    - Cada Comité estará representado por la AEL, supervisor escolar, directos escolar y dos docentes que presten sus servicios educativos respectivamente y su adscripción se encuentre de manera preferentes en la misma región.

Criterios de asignación por escuela y por zona escolar, localidad o entidad

- A los docentes y técnicos de nuevo ingreso se les asignará un tutor.
- La tutoría es una actividad adicional a su función por lo tanto se dejará su función frente a grupo.
- La tutoría deberá realizarse en la escuela del tutorado, en horarios que no interfieran con normalidad mínima y mínimo 3 horas a la semana.
- El docente o técnico docente que este frente a grupo y se desempeñe como tutor tendrá máximo 3 tutorados simultáneamente.
- La tutoría se realizará en la misma escuela, en otra escuela de la misma zona siempre y cuando las condiciones, tiempo laboral y traslado lo permita.
- En el caso de que las condiciones de organización de una escuela el CTZ en función de comité colegiado de revisión, asignará un asesor técnico pedagógico para fungir como tutor.
- Los Asesores Técnicos Pedagógicos que funjan como tutores, atenderán a 3 tutorados a la vez, esto adicional a sus funciones de Asesor Técnico Pedagógico.
- En caso de que no pueda asignarse un tutor al docente de nuevo ingreso ni asesor técnico pedagógico, la Autoridad Educativa local asignará a un tutor de las listas de prelación que correspondan.
- Cuando no se asignase un tutor bajo las condiciones del anterior punto, el subdirector con funciones académicas de la escuela, desempeñara funciones de tutoría.
- En el caso de que la zona escolar disponga del número suficiente de Asesores Técnicos Pedagógicos para realizar la función de tutoría, la Autoridad Educativa Local, se encargará de la distribución de los mismos acorde con la ubicación de los docentes y técnicos docentes de nuevo

- ingreso de la zona escolar, tomando en cuenta la condición laboral de los asesores.
- El supervisor escolar de zona determinará la organización y distribución, el tiempo que los Asesores Técnicos Pedagógicos dedicarán a la tutoría y asesoría, tomando en cuenta la condición laboral.
- En caso de ser necesario de reemplazar o sustituir a un tutor de manera justificada o por fuerza mayor, la Autoridad Educativa Local asignará un tutor de la lista de prelación correspondiente.

En el 2017 el manual dio a conocer que todos los docentes de nuevo ingreso en el periodo de inducción y cuenten con plaza definitiva se le asignará un tutor los dos primeros años de servicio. Dicha actividad es adicional por lo tanto en ningún caso se dejará su función como docente frente a grupo.

En la modalidad de la tutoría presencial el tutor trabajar un promedio de 3 horas con cada tutorado asignado, en la tutoría en línea se trabajara 9 horas semanales con cada tutorado y en la modalidad de concentración el tutor trabajara 9 horas en promedio de manera mensual, para cada uno de estos se tomará en cuenta horarios que no afecten la normalidad mínima de operación escolar.

En caso que no se le pueda asignar un tutor al docente de nuevo ingreso, el supervisor, director o subdirector con funciones académicas, brindará el apoyo y acompañamiento para mejorar en la medida de lo posible la práctica docente y técnico docente. Si por casusas de fuerza mayor se necesitará cambiar o sustituir a un tutor, la AEL designará un tutor conforme a la lista de prelación.

El ingreso de los docentes y técnicos docentes se realizará durante la vigencia de las listas de prelación publicadas en cada ciclo escolar, es durante este lapso de tiempo que se solicitara del personal para desempeñas funciones de tutoría, por lo que las AEL preverán la selección de tutores.

De los criterios para la entrega de resultados

- El director de la escuela informará a los aspirantes cuando hayan sido seleccionados para impartir la tutoría.
- El Comité Colegiado de Revisión entregará los expedientes de los tutores seleccionados a las Autoridades Educativas Locales cuando se finalice con el proceso de selección. Los que no resulten seleccionados serán devueltos a quien corresponda.
- Los expedientes serán concentrados por orden de prelación.

- Las Autoridades Educativas Locales serán las responsables de registrar a los tutores seleccionados en el Sistema Nacional de Registro del Servicio Profesional Docente.

En el 2017 los criterios para la entrega de resultados son:

Modalidad presencial: el director o supervisor informará a los aspirantes seleccionados para desarrollar la tutoría.

Modalidad en línea y de concentración: la AEL informará a los aspirantes seleccionados para realizar la tutoría.

Los Comités Colegiados entregarán los expedientes y fichas técnicas de los seleccionados a la AEL al finalizar la selección. Los no seleccionados serán devueltos a los aspirantes.

Las AEL conformarán una base de datos de los tutores seleccionados por cada modalidad. La información se registrara y actualizara en el Sistema de Registro y Seguimiento de la Tutoría en Educación Básica en las fechas establecidas por la Coordinación Nacional.

Registro institucional de la información

Las AEL integraran un padrón estatal de tutor y docentes y técnicos docentes de nuevo ingreso organizada, actualizada y validada. La cual servirá como punto de referencia para incorporar la información de los tutores seleccionados en el Sistema de Registro y Seguimiento para la Tutoría en Educación Básica, la cual tiene como finalidad contar con información sistemática del personal que realiza su función tutora y la población que atiende.

A través del Sistema de Registro y Seguimiento, la AEL realiza el registro y asigna tutor en sus tres modalidades, notifica a los tutores y tutorados, consulta datos y genera reportes.

Esta información servirá como base para:

- Asignar los incentivos y reconocimiento a tutores
- Definición de propuestas para mejorar la tutoría

La información será registrada y remitida de manera oportuna, útil, confiable y suficiente, ya que son los datos que la SEP reconoce como oficiales para los asuntos relacionados a la tutoría que va en caminada a los docentes y técnicos docentes de nuevo ingreso.

El registro inicial de la base de datos debe incluir lo siguiente:

Tutores

- Modalidad de la tutoría
- Datos del tutor
    - Nombre completo
    - Clave Única de Registro de Población (CURP)
    - Registro Federal de Contribuyentes (RFC)
    - Clave de Centro de Trabajo
    - Función que desempeña
    - Tipo de sostenimiento
    - Nivel educativo o servicio educativo (inicial, educación física, educación especial)
    - Clave presupuestal
    - Año de convocatoria de selección
    - Correo electrónico actualizado

Tutorado

- Modalidad de la tutoría
- Datos del tutorado
    - Nombre completo
    - Clave Única de Registro de Población (CURP)
    - Clave de Centro de Trabajo (CCT)
    - Nivel educativo
    - Función que desempeña el tutorado (docente o técnico docente)
    - Correo electrónico actualizado
    - Nombre, CURP y CCT de su tutor

Todo el personal que funja como tutor deberá estar debidamente registrado con datos completos del padrón, lo mismo el docente de nuevo ingreso cuente o no con tutor.

La base de datos se enviará a la SEP en un lapso no mayor a 10 días hábiles, una vez que se haya seleccionado y asignado tutores.

Seguimiento y evaluación del proceso de tutoría.

Es fundamental para la obtención de información lo cual va a permitir mejorar las acciones desarrolladas.

Los resultados obtenidos del seguimiento y evaluación de la tutoría sentarán las bases para:

- Obtener información y evidencias que permitirán ajustar y mejorar las acciones, procesos, materiales de apoyo y opciones para la formación profesional de tutores.
- Valorar la eficiencia de la tutoría en el desempeño de los docentes de nuevo ingreso.
- Planear, diseñar e implementar acciones de política general para la función de la tutoría.

El seguimiento y evaluación del proceso de tutoría se realizará bajo las siguientes acciones.

- Plan de la tutoría
- Registro de observación y análisis de la práctica docente de los tutorados.
- Resultados obtenidos por los tutorados en la evaluación.
- Reportes elaborados por tutores y tutorados al final de la tutoría.
- Evaluación del proceso de Tutoría realizada por el director de la escuela y el supervisor escolar.
- Evaluación externa de la función tutora, por parte de una institución de reconocido prestigio.

Se tomará una muestra del proceso de evaluación. La Autoridad Educativa Local integrará un equipo de evaluaciones para que recopile y analice los insumos anteriores con el fin de obtener información sistemática y confiable que permita valorar la pertinencia y eficacia de las acciones que se desarrollaron.

En el 2017 las AEL documentaran las actividades realizadas en el proceso de selección que cumpla las normas de revisión y supervisión de la selección de tutores que acompañaran a los docentes de nuevo ingreso, las cuales estan establecidas en el Título IV de los Lineamientos LINEE-10-2017. El instituto podrá solicitar a las AEL información que se considere necesaria para supervisar las distintas fases del proceso apegándose a los lineamientos que norman las selección de tutores.

2.5. Formación de tutores.

La tutoría como parte de las acciones que introducen en la práctica docente de los docentes y técnicos docentes de nuevo ingreso, requiere de una formación específica y especializada, con acciones que van unidas y se ven complementadas con la experiencia de los tutores

Formación de tutores

- La Autoridad Educativa Local generará programas de actualización, capacitación y formación de tutores, basándose en las disposiciones emitidas por la Secretaria de Educación Pública.
- Para contar con dichos programas de la formación de tutores, las Autoridades Educativas Locales suscribirán convenios de colaboración con instituciones de educación superior, centros de investigación y organismos educativos, mediante una convocatoria pública, misma que será difundida en tiempo y forma.
- Los programas que las Autoridades Educativas Locales elaboren deberán contribuir a la formación de tutores basándose en los siguientes contenidos académicos:
    - Importancia de la tutoría en la enseñanza
    - Técnicas de observación
    - Aprendizaje entre pares
    - Manejo de evidencias
    - Análisis de información
    - Desarrollo de liderazgo
    - Comunicación efectiva
    - Expresión escrita
- Los apoyos con lo que cuenta el tutor son los siguientes:
    - Manual para el tutor que determina funciones, procedimientos y formas de relaciones con el tutorado de una manera sencilla y clara.
    - Talleres de formación de tutores los cuales tendrán una duración de 20 horas, donde se abordarán contenidos generales de la función tutora, con apartados específicos al nivel educativo.
    - Diplomado para tutores de 120 horas mínimo, el cual está diseñado para fortalecer la función tutora.
    - Una plataforma digital donde se integra y administra de manera correcta y eficiente diversos recursos digitales de interés común, donde se posibilita las relaciones e intercambios en una red de

manera ágil y segura. El uso del correo electrónico, compartir recursos didácticos diversos, bibliografía, prácticas exitosas, grupos con interese particulares, foros de discusión, etc, que genere la posibilidad de establecer redes de comunicación eficaces como una forma más de formación en el trabajo colaborativo entre tutor y tutorado.
- Difusión de programas de actualización, capacitación y formación de tutores se realizará por medios distintos al inicio del ciclo escolar.
- Modalidades de formación las cuales deberán responder a las necesidades particulares de cada nivel, servicio educativo, modalidad, asignatura, tecnología y taller.
- Capacitar de manera presencial donde se tomará en cuenta el cumplimiento de la normalidad mínima, por lo que se realizará al inicio del ciclo escolar, contra turno o sesiones sabatinas
- La formación en el uso de las tecnologías de la información y comunicación (TIC), las cuales facilitaran el proceso de formación de tutores.

2.6. Incentivos

Los incentivos serán un reconocimiento al acompañamiento, apoyo y seguimiento de los docentes y técnicos docentes de nuevo ingreso. Estos reconocimientos permitirán a los tutores desarrollarse de manera continua en su carrera docente.

Los incentivos serán de tres tipos:

- De distinción por parte de las Autoridades Educativas Locales
  - Nombramiento que lo acredita al docente o técnico docente para realizar la función de tutoría.
  - Carta de reconocimiento firmada por el secretario Estatal de Educación o su equivalente.
  - Diploma de reconocimiento en su centro de trabajo. Se omite en el 2017
- Desarrollo profesional y difusión de la experiencia tutora.
  - Invitación a participar en entrevistas, programas de radio o televisión educativa y/o participar en un guion de programas radiofónicos o televisivos sobre la experiencia de ser tutor.

- Oportunidad para participar en actividades de desarrollo profesional: cursos y talleres especializados, conferencias e intercambio de experiencias, etc.
- Invitación a escribir su experiencia como tutor y de ser aceptada la SEP realizará las acciones necesarias para realizar su publicación.
- Convocatoria para participar como facilitador en los procesos de formación y capacitación de nuevos tutores partiendo de su experiencia. Agregado en el 2017

- Económicos:
    - Se otorgará conforme a lo que estipula la LGSPD, al finalizar el primer o segundo año según corresponda.
    En el 2017 se anexan en esta apartado más incentivos como lo son:
    - Incentivos económicos basados en la disponibilidad presupuestal.
    - El pago se efectuará a los docentes con nombramiento definitivo, cumpliendo con los requisitos y actividades propias de la tutoría acorde a la modalidad.
    - En la modalidad presencial, el tutor recibirá un incentivo equivalente a 3 horas/semana/mes en la que atiende al tutorado.
    - En la modalidad en línea, el tutor recibirá el incentivo equivalente a nueve horas/semana/mes por atender a 10 tutorados.
    - En la modalidad de concentración su incentivo equivale e nueve horas/semana/mes por 8 tutorados.
    - El monto se actualizará acorde al incremento salarian que sea autorizado.
    - Los incentivos de la tutoría en presencial, línea y concentración cubrirá un periodo máximo de 10 meses por cada ciclo escolar.
    - Es tarea de las AEL es el pago de los incentivos de los docentes que cuenten con plaza presupuestal estatal, basados en los criterios emitidos por la SEP.
    - En el 2018 se agrega este inciso donde se especifica que los incentivos que se calculen para un mes solo podrá ser pedido por el docente o técnico docente que se desempeñe como tutor, durante al menos 20 días del mismo. La Autoridad Educativa validara la información para que se pueda continuar con el trámite de pago en la nómina correspondiente.

De la asignación de incentivos

Las Autoridades Educativas Locales entregarán los incentivos al finalizar su labor de tutoría.

Para obtener los incentivos establecidos el docente tutor presentará una solicitud en tiempo y forma al supervisor de zona, la siguiente documentación:

- Plan de trabajo elaborado al inicio de la tutoría basadas en las orientaciones establecidas en el marco general
- Reporte de los logros alcanzados, el tutor presentará un texto breve, de manera libre, cuáles fueron los principales logros alcanzados del tutorado mediante el acompañamiento otorgado. Señala los factores que beneficiaron u obstaculizaron la tutoría.
- Reporte de observaciones de clase, es un escrito breve de manera libre en donde el tutor expresa sus puntos de vista y conclusiones como resultado de las observaciones de clase. Este reporte será elaborado de manera gradual conforme a las observaciones programadas.
- Reporte del proceso de tutoría es un texto breve de manera libre, donde el tutor y tutorado de manera colaborativa describen y analizan la experiencia vivida, destacando los logros, tareas pendientes y sugerencias para mejorar la relación entre tutor y tutorado.

En el 2017 la asignación de incentivos se otorga por modalidad, los cuales se enuncian a continuación.

Modalidad presencial

Para ser considerado en los incentivos establecidos, el personal docente tutor cumplirá con la totalidad de las actividades programadas, presentarlas en tiempo y forma a la AEL los siguientes documentos:

- Plan de trabajo: elaborado al inicio de la tutoría basado en las orientaciones señaladas en el marco general.
- Reporte de observaciones de clase: es un escrito breve, libre, en el cual el tutor expresa sus puntos de vista y conclusiones derivadas de la observación de clase. El cual será elaborado cuando se realicen las observaciones programadas.
- Reporte de tutoría: texto breve, libre, realizado por tutor y tutorado en donde se describe y analiza la experiencia, puntualizando los factores que

favorecieron y obstaculizaron dicha labor, logros alcanzados, tareas pendientes, sugerencias para mejorar la tutoría.

Modalidad en línea

Para ser considerado dentro de los incentivos el personal docente tutor deberá completar con la totalidad de las actividades programadas en la plataforma Moodle, respetando lo anteriormente mencionado.

En el 2018 se anexa que el tutor mantendrá comunicación con sus tutorados al finalizar cada módulo con el fin de asegurar la continuidad, así como el responder un cuestionario de seguimiento.

Modalidad de concentración

Para obtener los incentivos el personal docente tutor deberá cubrir la totalidad de las actividades planteadas y presentar en tiempo y forma a la AEL los siguientes documentos:

- Plan de trabajo elaborado al inicio de la tutoría basándose en las orientaciones del marzo general.
- Registro de asistencia de los tutorados
- Reporte de actividades realizadas dentro de la tutoría, que tendrá la fecha de organización, número de tutorados, actividades desarrolladas, aspectos relevantes y los acuerdos que se establecieron.
- Evidencia de 3 productos individuales y colectivos que fueron realizados por los tutorados en los encuentros.

En el 2015 la SEP (Secretaria de Educación Básica) dio a conocer un Manual para el Tutor del Docente y del Técnico Docente de nuevo Ingreso en Educación Básica. Ciclos escolares 2015-2016 y 2016-2017.

Este documento habla sobre la importancia del acompañamiento entre docentes como recurso que contribuye a la mejora de la labor educativa, hay criterios establecidos en el Servicio Profesional Docente (SPD) que guían la operación y funcionamiento de la tutoría como un sustento legal y de reconocimiento dada su importancia en el ámbito escolar.

La Ley General del Servicio Profesional Docente (LGSPD) en el artículo 22 menciona que con la finalidad de fortalecer las capacidades, conocimientos y competencias, los docentes y técnicos docentes de nuevo ingreso tendrán en un lapso de dos años el acompañamiento de un tutor que será asignado por la Autoridad Educativa (AE).

Esto ayudará a que los conocimientos y experiencia de los nuevos docentes y técnicos docentes se contextualicen con las condiciones de la escuela y el proceso de adaptación sea sencilla, si cuenta con la guía y apoyo de un profesional como su tutor y que con base en su experiencia logre contribuir a la formación de un profesional que mejore en las prácticas educativas y en el desarrollo de habilidades de enseñanza, pero sobre todo facilite su inserción en la dinámica escolar y la docencia.

El Manual se divide de la siguiente manera:

Contextualización de la tutoría

SEP (2015) señala que la tutoría es el conjunto de acciones sistemáticas de acompañamiento, apoyo y seguimiento que contribuye a enriquecer la experiencia profesional del docente y técnico docente de nuevo ingreso, para que pueda enfrentar en mejores condiciones las demandantes tareas que implica que los niños, independientemente de su condición social, cultural, económico o de salud, accedan a experiencias educativas pertinentes.

Son necesarias por lo siguiente:

- Contribuye a consolidad sus habilidades de enseñanza para propiciar mejores logros de aprendizaje en sus alumnos.
- Fortalecen las capacidades, conocimientos y competencias del maestro de recién ingreso.
- Contribuye al desarrollo profesional mediante la detección de áreas de oportunidad.
- Facilita la integración del nuevo docente en la vida cotidiana de la escuela.
- Facilita la colaboración con el colectivo docente en actividades de beneficio común.
- Contribuye a la gestión del plantel, fortaleciendo vínculos con los colegas, padres de familia y comunidad en su conjunto.

Un aspecto de la tutoría que orienta al nuevo docente o técnico docente en tareas específicas requiere no solo de los conocimientos previos, sino del acompañamiento y apoyo del docente con experiencia para mejorar la práctica y esto incluye lo siguiente:

- Planeación didáctica
- Inclusión de alumno con necesidades educativas especiales y/o enfrentan barreras de aprendizaje y de participación.
- Ambientes de aprendizaje
- Dominio de los programas de estudios
- Uso de la tecnología con fines educativos
- Coordinación de actividades extracurriculares.

A continuación se da una definición sobre quien es un docente o técnico docente de nuevo ingreso según la SEP (2015) y es aquel profesionista que para ejercer la docencia se sometió a un proceso de evaluación por medio de un concurso se oposición en el nivel, servicio educativo, modalidad, asignatura, tecnología o taller de Educación Básica correspondiente y resultó idóneo para desempeñar labores de enseñanza.

Tanto tutor como tutorado son maestros en servicio, se debe desarrollar en igualdad, de manera colaborativa, con diálogo y respeto muto, sin dejar de lado que es el tutor quien tiene mayor experiencia en comparación con el docente de nuevo ingreso y que gracias a esa experiencia fortalecerá su labor de enseñanza.

Los tutores serán docentes o técnicos docentes en servicio con disposición para compartir sus conocimientos y experiencias que favorezcan la formación de los docentes o técnicos docentes de nuevo ingreso.

En caso de que un docente o técnico docente se vea imposibilitado de desempeñar la tutoría debido a las necesidades del sistema (escuela de organización incompleta), el personal de dirección, supervisión y asesoría técnica pedagógica desempeñaran la función de tutor, acorde a los criterios establecidos por la secretaria a través de la coordinación.

Tiempo dedicado a las tutorías

Según la SEP (2015) la tutoría es una actividad adicional que desempeña el tutor acorde al nombramiento que ocupa y debe realizarse en horarios que no interfieran en la normalidad mínima escolar, por lo que se debe destinar 3 horas a la semana por tutorado.

Entre tutor y tutorado deciden la distribución de los tiempos para cumplir las 3 horas mínimas a la semana por tutorado, si es de acuerdo mutuo las tutoría puede complementarse con ayuda de las tecnologías de la información y comunicación con recursos como lo son las redes sociales u otros medios de comunicación.

¿Dónde se realiza la tutoría?

El espacio para la tutoría será la escuela donde labora el tutorado o donde ambos tutor o tutorado compartan el espacio laboral, o bien en otro plantel cercano dentro de la misma zona escolar considerando el tiempo y traslado.

Otro aspecto para considerar el lugar para la tutoría será el número de tutorados con los que cuente, habrá situaciones en lo que un tutor dará atención a 3 tutorados de manera simultánea, donde se tendrá a consideración el espacio de reunión.

Para el caso de las escuelas multigrado con particularidades específicas, como el trabajo en comunidades lejanas, para llevar a cabo dicha estipulación el tutor y tutorado deberán acordar el lugar de encuentro, por lo cual podrá solicitar el apoyo de supervisión en caso de ser requerido.

Momentos de encuentro entre tutor y tutorado

A lo largo del ciclo escolar el tutor y tutorado deberán reunirse en diferentes momentos los cuales se presentan a continuación:

- Reunión inicial entre tutor y tutorado (plan de trabajo)
- Primera observación del tutor
- Reunión de retroalimentación
- Segunda observación del tutor
- Reunión de retroalimentación
- Tercera observación
- Reunión de retroalimentación
- Reunión de balance al finalizar el ciclo escolar

El tutorado buscará reunirse con su tutor en caso de tener situaciones no planeadas y que requieran atención, sobre todo cuando no se encuentren el mismo centro de trabajo:

- Intercambio de experiencias o inquietudes sobre todo en la realización de un proyecto indicado por supervisión o instancia estatal
- Organizar e impartir clases sobre un tema complejo de abordar por el contexto social donde se ubica la escuela
- Dificultades con los padres de familia

2.7. Características y funciones del tutor, un reconocimiento a la trayectoria docente

La tutoría es un complemento para la inducción de los nuevos docentes al centro escolar, donde se da una vinculación entre la teoría y la práctica, donde es el tutor quien orienta y ayuda al docente en la instrumentación del currículo, organización de clase, procesos de colaboración y gestiones requeridas en el centro educativo según la Coordinación Nacional del Servicio Profesional Docente (2017)

Significa una oportunidad para el tutor y tutorado por lo siguiente:

- Reflexión sobre las formas de enseñanza a través del intercambio de experiencias y observaciones
- Relación de formación docente con el contexto
- Adquisición de nuevos conocimientos a partir de la resolución de situaciones presentes en la escuela
- Necesidades de formación a partir de los resultados de las sesiones de tutoría
- Compartir referencias y fuentes informativas que respalden el desarrollo de la tutoría.

Reconocimiento de la función de la tutoría.

El nombramiento para tutor es el reconocimiento que entregan las Autoridades Educativas al docente que destaque en su desempeño y cumplimiento de su responsabilidad.

El reconocimiento se rige bajo los siguientes estatutos:

- La tutoría tiene la función de apoyar, acompañar y dar seguimiento a los docentes y técnicos docentes que ingresaron al sistema por un examen de oposición de manera definitiva en una plaza de nueva creación vacante, está función es adicional a la realización de sus deberes docentes.
- El nombramiento como tutor es un reconocimiento al personal docente que da cuenta de las capacidades profesionales con las que cuenta para bridar apoyo sistemático al personal de nuevo ingreso, cumple con los requisitos y participa en el proceso de selección y función de la tutoría.
- El reconocimiento lleva a cabo mediante un movimiento lateral.
- Los movimientos laterales son temporales y tienen una duración de 3 ciclos escolares en los cuales el tutor desempeñara su función docente.

- La renovación de la tutoría se llevará cabo basándose en el cumplimiento de las responsabilidades del ciclo escolar anterior y tendrá como elementos el valorar el cumplimiento de los criterios del Marco General de la tutoría vigente, en la selección y evidencias del desempeño realizado, el cual fue incorporado al Sistema de Registro y Seguimiento.
- Los movimientos laterales de la tutoría se basa en las disposiciones del marco general y en los procesos de evaluación que señala el INEE a través de los Lineamientos para la selección de tutores que acompañarán al docente y técnico docentes de nuevo ingreso en Educación Básica y Media Superior 2017-2018. LINEE-10-2017.
- Los movimientos laterales de la tutoría se realizan al inicio del ciclo escolar, en caso de requerirlo la entidad seleccionara y asignara tutores en las modalidades correspondientes durante el ciclo escolar en los periodos establecidos por la Coordinación Nacional del Servicio Profesional Docente.
- En atención a las necesidades de apoyo y acompañamiento profesional de los docentes de nuevo ingreso durante el ciclo escolar, se les asignará un tutor que cumpla con los requisitos y procedimientos de selección que se enumeran en el Marco general.
- Las AEL preverán lo necesario para asignar tutores durante el ciclo escolar y que no afecte la prestación de servicio de manera regular en el grupo de alumnos que atienda el docente tutor.

El reconocimiento a tutores considera lo siguiente:

- Los docentes que sean tutores recibirán incentivos con el fin de reconocer sus méritos y favorecer la preparación profesional.
- Los incentivos pueden ser económicos u otra modalidad en los cuales se reconocer el personal del SPD que eleva la calidad educativa y reconoce méritos, los cuales son temporales.
- Los incentivos obtenidos son compatibles a lo que logre en el Programa de Promoción en Función por Incentivos en Educación Básica, mantiene relación con los incentivos del proceso de certificación como evaluador, por lo que nos es recomendable que atienda ambas funciones dado el nivel de exigencia de cada función.
- El personal reconocido por movimiento lateral tendrá acceso al Programa de Promoción en la Función por Incentivos, mantener o ascender de nivel. Lo que significa que los tutores pueden recibir dos incentivos dependiendo de la duración de cada uno.

2.8. Perfil del tutor

La SEP (2015) enuncia que la Ley General del Servicio Profesional Docente establece la necesidad de asegurar un desempeño docente que fortalezca la calidad y equidad de la Educación Básica.

Para el logro de dicho propósito se ha desarrollado el perfil, parámetros e indicadores que refieren las características, cualidad y aptitudes necesarias del docente y técnico docente para desempeñar la educación básica que puede ser consultado en el documento perfil, parámetro e indicadores para docentes y técnicos docentes y etapas, métodos e instrumentos de evaluación para el ingreso a la educación básica publicados en la página electrónica:

http://www.servicioprofesionaldocente.sep.gob.mx/

El perfil del tutor se basa en cinco dimensiones las cuales son retomadas del perfil docente y técnicos docente en el nivel, modalidad y servicio de Educación Básica las cuales se enlistan a continuación:

- Conoce a sus alumnos, sabe como aprenden y lo que debe aprender
- Organiza y evalúa el trabajo educativo y realiza una intervención didáctica pertinente.
- Se reconoce como profesional que mejora continuamente para apoyar a los alumnos en su aprendizaje.
- Asume las responsabilidades legales y éticas inherentes a su profesión para el bienestar de los alumnos.
- Participa en el funcionamiento eficaz de la escuela u fomenta su vínculo con la comunidad para asegurar que todos los alumnos concluyan con éxito su escolaridad.

Con lo anterior y por las características de la tutoría, en la definición del tutor se consideran 5 dominios los cuales contribuirán al logro favorable y desarrollo profesional del tutorado los cuales se enuncian a continuación:

- Escucha a los miembros de la comunidad escolar y esta dispuesto a orientar en problemas específicos sobre estrategias de enseñanza.
- Cuenta con habilidades comunicativas orales y escritas, promueve climas de confianza que favorecen el trabajo colectivo.
- Organiza su experiencia docente y es eficaz para transmitirla en función del contexto personal y colectivo de los otros miembros del centro escolar.

- Promueve la práctica reflexiva y analítica, genera escenarios y posibles soluciones ante diversas situaciones del contexto escolar.
- Actúa con base en principios de responsabilidad, cooperación, colaboración, solidaridad y corresponsabilidad.

Características profesionales y personales del tutor

Un tutor suele ser reconocido por su trayectoria, experiencia y desempeño dentro de la comunidad escolar, contando con atributos profesionales y personales como son los siguientes:

- Experiencia de gestión educativa en el aula
- Capacidad para generar ambientes óptimos de aprendizaje
- Dominio en la instrumentación de contenidos curriculares.
- Manejo adecuado de los estilos de aprendizaje de los alumnos en contextos culturales diversos.
- Amplio sentido de colaboración y trabajo compartido
- Habilidad para comunicarse, escuchar y comprender, con la finalidad de lograr objetivos comunes.
- Visión para identificar problemas y sus posibles soluciones
- Congruencia entre su decir y hacer
- Capacidad para promover relaciones abiertas y de confianza mutua.
- Habilidad para reflexionar sin anticipar juicios
- Flexibilidad ante nuevas situaciones y formas de trabajo

Funciones de la tutoría

La SEP (2015) menciona lo siguiente sobre las funciones de la tutoría ya que las ve como un conjunto de acciones articuladas que tienen un mismo propósito, que se adapten al tutorado y centro escolar donde se lleve la tutoría, tomando en cuenta el nivel ,servicio educativo, modalidad, asignatura, tecnología o taller según corresponda. Esto convierte al tutor y tutorado en compañeros de trayectoria que se va construyendo en medida que se reflexiona y se desarrollan las actividades de manera conjunta.

La función del tutor ayudará al tutorado a responder interrogantes que le vayan surgiendo desde su inicio como nuevo docente como lo puede ser: la organización de clase, didáctica de las asignaturas, uso de materiales educativos, manejo de la disciplina, mecanismo de la escuela para la mejora de la convivencia para evitar conflictos, seguimiento de actividades de la tutoría lo que permitirá un avance profesional y significativo del tutorado.

La SEP (2015) refiere el documento Marco general para la organización y funcionamiento de la Tutoría en Educación Básica. Docentes y Técnicos Docentes de nuevo ingreso. Ciclos escolares. 2015-2016 y 2016-2017 en el que se enlistan algunas actividades que se desprenden de las funciones del tutor:

- Identificar y compartir información sobre aspectos que se presentan en el interior del aula, por ejemplo: manejo de los enfoques de las asignaturas del Plan y Programas de Estudio vigentes y las estrategias de enseñanza específicas para los alumnos.
- Orientar en la elaboración de un diagnóstico que permita detectar el avance de aprendizaje en los alumnos, especialmente en lo que refiere a lectura, escritura y pensamiento matemático.
- Escuchar al Tutorado sobre las dificultades que ha enfrentado en su labor docente. Con la finalidad de compartir sus experiencias y dar posibles soluciones.
- Aportar estrategias para conocer el contexto y estilos de aprendizaje de los alumnos con la intención de diseñar actividades didácticas acordes a sus necesidades.
- Compartir información sobre el desarrollo de actividades tradicionales del centro educativo.
- Intercambiar argumentos para realizar la planeación didáctica, como resultado de la observación de clase que el tutor hará a su tutorado.
- Proponer de manera conjunta aportaciones a la Ruta de Mejora Escolar derivada de las Reuniones de Consejo Técnico Escolar (C.T.E.)
- Sugerir alternativas para la comunicación con los padres de familia y otros miembros de la comunidad escolar, de tal manera que se fortalezca la participación de éstos en la formación de los alumnos.
- Aportar ideas para el desarrollo de actividades de interés que generen conocimientos en los alumnos y favorezcan la permanencia y eficiencia terminal de estos.
- Sugerir estrategias pedagógicas para el tratamiento de los contenidos programáticos, en una o varias sesiones de aprendizaje, y el uso adecuado de materiales educativos para el logro de los aprendizajes esperados.
- Elaborar estrategias para generar evidencias del trabajo con los alumnos a lo largo del ciclo escolar.

- Facilitar al Tutorado el conocimiento de herramientas y técnicas de evaluación para verificar el avance u el logro del aprendizaje de los alumnos.
- Acordar los momentos apropiados para observar las formas de organización, funcionamiento y normas que rigen a la escuela, de tal manera que el tutorado se integre y contribuya al desarrollo del centro escolar.
- Contribuir, a partir del trabajo de Tutoría, a que el propio Tutorado detecte sus necesidades de capacitación, actualización y superación profesional.
- Ordenar y registrar los avances y logros de la Tutoría que lleva a cabo.

En el caso de los Tutores en escuelas multigrado su énfasis será de la siguiente manera:

- Preparar el encuentro con la comunidad donde se ubica la escuela y planear estrategias de comunicación e inserción en la misma.
- Planificar el proceso de enseñanza según las características del tipo de organización de las escuelas, la diversidad de libros de texto gratuito y otros materiales educativos con que cuenten los alumnos u los materiales que ofrezca el entorno de la comunidad.
- Conocer diferentes estrategias que permitan organizar a los alumnos de distintos grafos para darles atención educativa simultánea y lograr niveles equivalentes de aprendizaje para todos.
- Orientas sobre la forma de organizar y atender las actividades administrativas y de control escolar, priorizando el trabajo pedagógico.
- Valorar y aprovechar la diversidad lingüística y cultural de los alumnos para enriquecer la enseñanza y el aprendizaje.

Plan de trabajo. Una guía para organizar la tutoría.

¿Cómo organizar las actividades propias de la Tutoría?

En la primera reunión del Tutor con el Tutorado se llegará a un acuerdo con la finalidad de:

- Dialogar sobre las expectativas en esta nueva relación profesional y acordar la realización de un diagnóstico de necesidades del Tutorado como insumo para el Plan de Trabajo.
- Dar a conocer las funciones del Tutor en una comunicación horizontal y entre pares.

- Establecer la dinámica de trabajo y los resultados esperados.
- Definir las responsabilidades mutuas como profesionales de la educación

Es en este encuentro cuando se elaborará de manera colaborativa el Plan de Trabajo en el que se establecen las responsabilidades del Tutor y Tutorado, partiendo de las prioridades de la Educación Básica y necesidades educativas del aula, el calendario de las observaciones y los momentos de observación de clase del Tutorado, áreas de oportunidad que requieren atención inmediata y las actividades que se realizarán durante el ciclo escolar.

Aspectos a considerar en el plan de Trabajo

En el plan de trabajo se define las actividades a realizar durante el ciclo escolar y podrá reforzarse o modificarse en el transcurso, conforme a las necesidades que surjan durante el desarrollo de la Tutoría, incorporando las netas específicas, tomando en cuenta los siguientes aspectos:

- Las responsabilidades de cada uno en relación a las prioridades de la Educación Básica: Mejora de las competencias de lectura, escritura y matemáticas; normalidad mínima escolar, disminución del rezago y abandono escolar, desarrollo de una buena convivencia escolar.
- Necesidades educativas de los alumnos y contexto de la escuela
- Calendario de actividades, donde se incluirá fechas en la que el Tutor realizará las observaciones en el aula y la duración de la sesión de retroalimentación.
- Establecer acciones prioritarias que requieren atención inmediata (áreas de oportunidad) como pueden ser: inclusión de alumnos con necesidades educativas especiales o con barreras de aprendizaje y participación, atención de ausencias constantes de los alumnos, solución de conflictos con padres de familia, controlar la disciplina en el salón de clase, etc.
- Las actividades de acompañamiento, apoyo y seguimiento descritas en las funciones de Tutoría y acordadas entre el Turo y Tutorado, las cuales serán recuperadas en el calendario.

¿Habrá una evaluación para el Plan de Trabajo?

El plan de trabajo tiene su sustento en la reflexión compartida entre el Tutor y Tutorado, donde se ve favorecido el trabajo entre pares como profesionales de la educación y su práctica diaria en el interior del aula y la escuela.

La evaluación de la Tutoría será realizada por el Director de la escuela y el supervisor escolar de zona donde se desempeñe el personal asignado a esta tarea.

Al finalizar cada ciclo escolar se deberá integrar un informe de desempeño del tutor que considere la eficacia de la tutoría y el análisis de los siguientes insumos:

- Plan de tutoría
- Registro de observación y análisis de la práctica docente de los tutorados
- Resultados obtenidos por las tutorados en el proceso de evaluación
- Reporte elaborado por tutor y tutorado al final de la tutoría los cuales se incorporaran al sistema Nacional de Registro del Servicio Profesional Docente.

Observación de clase. Un recurso para la retroalimentación

¿A qué se refiere la observación de clases?

Es donde se da una oportunidad para identificar la práctica de enseñanza y desempeño del Tutorado en el aula, es decir:

- Concepciones del docente o técnico docente de nuevo ingreso tienen sobre la forma de enseñar.
- Manera de organización y desarrollo de actividades de aprendizaje.
- Cumplimiento de los propósitos del plan de clase.
- Adecuaciones curriculares acorde al contexto y grupo.
- Manejo en clase de la evaluación formativa.
- Capacidad para implementar técnicas y estrategias didácticas que aseguren el aprendizaje de todos los alumnos, considera do ritmo e intereses y necesidades.
- Uso de materiales educativos para la enseñanza.
- Capacidad del docente o técnico docente para crear ambientes favorables y seguros de aprendizaje en el aula.
- Forma de conducirse y comunicarse con los alumnos.
- Forma de promover la comunicación entre los alumnos, así como la participación durante el desarrollo de la clase.
- Forma de considerar las prioridades de la Educación Básica en el trabajo de aula.

A lo largo del ciclo escolar el tutor deberá realizar tres observaciones de clase. Previamente el tutorado deberá informar el tema a desarrollar en el aula que se observará y compartirá con el su plan de clase, con la finalidad de conocer y comparar lo observado.

¿Con qué frecuencia se dará la observación de clase?

En el transcurso del primer año el tutor deberá observar al menos 3 veces las clases del tutorado basándose en la siguiente propuesta:

Diagrama de reuniones semanales del ciclo escolar 2014-2015.

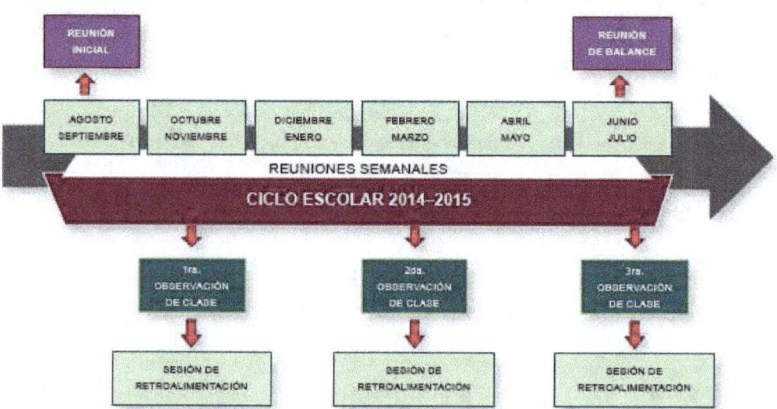

En caso de que el docente o técnico docente ingrese posterior al ciclo escolar, las 3 observaciones de clase durante el primer año se realizarán un ajuste considerando la fecha de ingreso y periodos de evaluación de los alumnos.

¿Se requiere de algún material de apoyo para la observación de clase?

Para que la observación sea adecuada el tutor se apoyará de un guion al momento de realizar la observación. Dicho guion será elaborado por el tutor, no se requiere de un formato en específico o prediseñado, está abierto a distintas formas y técnicas de observación, pero podrá escribir las situaciones que el tutor considere que requieren retroalimentación más precisa y puntual.

Los aspectos señalados en ¿A qué se refiere la observación de clase? Puede orientar la integración del guion de observación, pero es conveniente que se incluya lo siguiente:

- Datos de la institución donde labora el tutorado
- Fecha, hora, duración de la clase
- Propósito de la observación

- Contenido programático que se desarrollara
- Formas de organización del grupo
- Materiales educativos utilizados
- Plan de clase y resultado esperado.

Los elementos del formato de observación permitirán al tutor identificar que habrá de observar, la congruencia con la organización didáctica, pertinencia de las actividades planeadas y el resultado de la aplicación.

En el caso de la segunda y tercera observación, el tutor y tutorado establecerán un acuerdo donde se podrán valer de dispositivos audiovisuales como videocámara o celular sin que estos perturben o modifiquen la observación o dinámica de la clase, el propósito es aportar más elementos de análisis, diálogo para la mejora de la práctica de enseñanza del tutorado.

¿En qué beneficia al tutorado la observación de clase?

Observar las clases del tutorado representa un acercamiento a la práctica de enseñanza y representa una oportunidad para analizar y mejorar, esto permite que el tutor y tutorado tengan una sesión de diálogo y reflexión sobre lo acontecido en el aula.

La retroalimentación de la sesión se deberá efectuar preferentemente ese mismo día, con el propósito de comentar los aspectos prioritarios que fortalezcan su práctica de enseñanza, como puede ser: el proceso de aprendizaje, tiempo, estrategias diferenciadas de aprendizaje, etc.

Las reuniones de tutores. Una ocasión para el desarrollo profesional.

¿Para qué las reuniones entre tutores?

El propósito de dichas reuniones es el compartir la experiencia sobre la funcionalidad de las tutorías, partiendo del aprendizaje como profesores que tienen la misma responsabilidad, que implica la participación activa, reflexionar sobre la función de la tutoría y el intercambio de experiencias ya sea de manera presencial o a través de medios electrónicos que permitan la construcción de redes virtuales de aprendizaje, de tal manera que contribuya a:

- Favorecer la autonomía y profesionalización del docente o técnico docente de nuevo ingreso a través de una valoración de los saberes pedagógicos, experiencias y procesos de aprendizaje.

- Construcción de formas y recursos de acompañamiento, apoyo y seguimiento a los tutorados.
- Detectar la mejora del aprendizaje en los alumnos como resultado de las actividades implementadas.

Es necesario por lo menos la reunión de tutores durante el ciclo escolar para compartir experiencias sobre la función tutora a partir de las acciones implementadas.

A continuación se muestra un calendario sobre las actividades que se deberán realizar para el cumplimiento de dicho deber.

Diagrama de reuniones semanales del ciclo escolar 2015-2015.

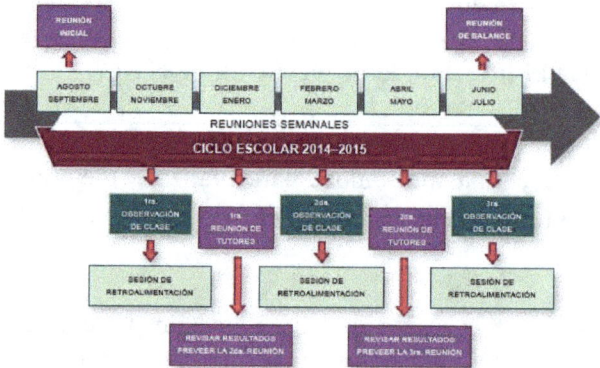

2.9. Valorando la tutoría

Seguimiento y evaluación del proceso de tutoría. Una oportunidad de mejora.

¿Por qué es importante hacer seguimiento y evaluación de la tutoría?

La tutoría para docentes y técnicos docentes de nuevo ingreso en los ciclos escoalres 2015-2016 y 2016-2017 es un proyecto innovador del sistema educativo para la educación básica, por lo que es importante valorar y dar seguimiento a la tutoría.

Dichos resultados y evaluación permitirá realizar ajustes, considerar avances, rescatar opiniones propositivas, fortalecer el proceso educativo, llevar un registro y realizar un balance de las acciones o actividades que se desprendan de esta nueva experiencia formativa.

¿Qué elementos se consideran para el seguimiento y la evaluación de la tutoría?

Es importante que el tutor y tutorado identifiquen las dificultades y debilidades que influyeron en el trabajo, para que puedan realizar modificaciones y ajustes con el fin de obtener logros significativos durante el ciclo y el ciclo posterior.

Una semana antes de que finalice el ciclo escolar 2015-2016, el tutor realizará una última reunión de balance con el tutorado, en dicha reunión se valorará lo alcanzado con base al plan de trabajo inicial, actividades adicionales que se hayan adecuado, lo que permitirá trazar líneas sólidas para el siguiente ciclo escolar.

La autoridad Educativa Local se encargará de integrar un equipo para recopilar y analizar los insumos con la finalidad de obtener información confiable que permita valorar la pertinencia y eficacia de las acciones de la tutoría. Los insumos considerados son los siguientes:

- Plan de trabajo de la tutoría
- Registro de observación y análisis de la práctica docente de los tutorados.
- Reporte elaborado por tutor y tutorado al finalizar la tutoría.
- Valoración del proceso de tutoría realizada por el director de la escuela y el supervisor de la zona escolar.
- Valoración externar de la función tutora, por parte de una institución de reconocido prestigio.
- Resultado obtenido por los tutorados de la evaluación al término del primer año tal y como lo establece el LGSPD.

En el 2017 el seguimiento y evaluación del proceso de la tutoría se consideran fundamentales para la obtención de información que permita la mejora de las acciones implementadas, sus resultadas servirán de base para:

- Obtener información y evidencias que permita ajustar y mejorar las acciones, procesos, materiales de apoyo y opciones de la formación de profesionales para cargo de tutor.
- Valorar la eficiencia de la tutoría con base en el desempeño de los docentes y técnicos docentes de nuevo ingreso.
- Planear, diseñar e implementar acciones para la función de la tutoría.

- Conocer la opinión de los tutorados respecto al trabajo y actividades que se realizaron en la tutoría durante el ciclo correspondiente acorde a la modalidad que le atañe.

El seguimiento y la evaluación del proceso de la tutoría se realiza considerando los siguientes insumos.

Tutoría presencial

- Plan de trabajo
- Registro de observaciones de la práctica docente de los tutorados a su cargo.
- Reportes durante y al finalizar la tutoría.

Tutoría en línea

- Evidencias de interacción del tutor en la plataforma Moodle, durante las actividades de cada módulo.
- Actividades realizadas por los tutores y tutorados al finalizar el proceso de tutoría en la plataforma.

Tutoría de concentración

- Plan de trabajo
- Registro de asistencia de los tutorados.
- Reporte de actividades realizadas durante la tutoría.
- Recopilación de productos realizados por los tutorados durante la tutoría.

Los tutores se encargaran de añadir actividades realizadas en los reportes acorde a la modalidad de la tutoría, basándose en las orientaciones que se proporcionan de manera oportuna a través de una notificación.

Se realizará un cuestionario al finalizar el proceso de la tutoría.

La AEL se encargará de integrar un equipo responsable de la tutoría que planifique, organice y valore el proceso durante el ciclo escolar, de esta misma manera recopila y analiza lo señalado, con la finalidad de obtener información de manera sistemática u confiable que permita emitir una valoración pertinente y eficaz de la tutoría implementada en cada modalidad, así como el desarrollo de estrategias que mejoren el proceso de la tutoría. Las funciones que debe desarrollar el equipo son:

- Coordinar de manera general la tutoría en la entidad.
- Coordinar la capacitación y acompañamiento a tutores.
- Monitoreo y seguimiento de la tutoría.
- Apoyo técnico para el desarrollo de la tutoría.

2.10. Formándome como tutor

Las acciones de formación. Un impulso para el desarrollo profesional del tutor

¿Cómo se forma un tutor?

El tutor deberá potenciar lo siguiente:

- Habilidades básicas para el desempeño docente
- Fortalecer las formas de aprendizaje y el papel del error en el proceso.
- Autoestima y desarrollo de competencias sociales.
- Seguridad y autorregulación en los procesos de formación a partir de los resultados de trabajo individual y colectivo

El compartir, interactuar y aprender de los tutorados así como de otros tutores tendrá la posibilidad de intercambiar saberes, analizar experiencias, discutir sobre diferentes concepciones y creencias pedagógicas, permitirá la apropiación de nuevos conocimientos sobre la profesión.

Esto requerirá de una formación específica y especializada es por ello que las Autoridades Educativas Locales implementarán programas de actualización, capacitación y formación de tutores, basado en las disposiciones emitidas por la SEP a través de la Coordinación Nacional del Servicio Profesional Docente, donde se incluirán las siguientes temáticas.

- Importancia de la tutoría para la enseñanza
- Técnicas de observación
- Aprendizaje profesional entre pares.
- Manejo de evidencias de aprendizaje
- Análisis de la información
- Desarrollo de liderazgo
- Comunicación efectiva

- Expresión oral y escrita.

¿Con qué oferta académica contará el tutor para su formación?

Los programas académicos de tutores tomarán en cuenta la experiencia docente, formación profesional y saberes relacionados con la organización escolar, formas de aprendizaje de los alumnos, relación con los miembros del colectivo escolar y conocimiento del ambiente cultural, social y económico donde se sitúa la escuela.

La Coordinación Nacional del Servicio Profesional Docente puso a disposición la siguiente oferta académica.

- Talleres de formación de tutores con una duración de 20 horas, contenidos generales, propósitos de la función de tutoría correspondiente a cada nivel educativo.
- Diplomado para tutores de 120 horas mínimos fortaleciendo la función tutora.
- Plataforma virtual, que integre y administre de manera correcta y eficiente los diversos recursos digites de interés, promoviendo de manera ágil y segura las relaciones e intercambios en la red. Uso del correo electrónico, posibilidad de compartir recursos didácticos (videos de experiencia docente, bibliografía, prácticas exitosas, foros de discusión, etc) generando la posibilidad de establecer redes de comunicación eficaces como una manera más de formación en el trabajo colaborativo de tutores y tutorados.

La Autoridad Educativa Local difundirá la oferta de capacitación y actualización por diferentes medios de comunicación por lo que el tutor deberá estar atento a la publicación de dicha oferta.

En el 2017 se menciona que los tutores para los docentes y técnicos docentes de nuevo ingreso requieren de una oferta de formación especializada, que recupere la experiencia de los mismos tutores.

En lo que respecta a la Estrategia de Formación Continua, las AEL integrará un padrón de instancias formadoras que tiene como objetivo contar con una amplia gama de cursos y diplomados en línea para el personal de Educación Básica incluidos los tutores.

Estos programas de formación de tutores atenderá las necesidades de la tutoría en la que sean partícipes, basándose en las disposiciones emitidas por la SEP.

Para contar con dichos programas de formación de tutores, las AEL tendrán convenios con instituciones de educación superior, centros de investigación y organismos educativos públicos, a través de una convocatoria pública y abierta la cual se difundirá de manera suficiente y oportuna.

Dichos programas contribuirán a la formación de tutores basándose en los siguientes contenidos académicos:

- Importancia de la tutoría para mejorar la enseñanza
- Aprendizaje entre pares
- Estrategias de acompañamiento para la reflexión de la práctica.
- Técnicas de observación de la práctica de enseñanza y desempeño de los alumnos.
- Comprensión del currículo y la práctica docente acorde al nivel educativo.
- Participación de docentes y técnicos docentes en el trabajo escolar.
- Características de la modalidad de la tutoría en la que es participe.

Los apoyos iniciales con los que contara el tutor para el desarrollo profesional son:

- Manual para el tutor, el cual dictamina sus funciones, procedimientos y formas de relacionarse con el tutorado.
- Talleres de formación de tutores con una duración de 20 horas y contenidos generales que son propias a la tutoría.
- Diplomado de tutores con un mínimo de 120 horas, el cual es diseñado por el fortalecimiento de la función tutora.
- Recursos y materiales de apoyo que favorezcan la interacción y comunicación permanente, un trabajo colaborativo y aprendizaje entre tutor y tutorados.

La formación de tutores considera lo siguiente:

- Responder a necesidades específicas por nivel educativo, servicio, modalidad, organización escolar, asignatura, tecnología o taller.
- En la modalidad en línea, los tutores contarán con formación específica y acompañamiento por la AEL para el manejo de la plataforma Moodle.
- En la modalidad de concentración se apoyaran de opciones acorde al trabajo de escuelas multigrado o telesecundarias según corresponda.
- El desarrollo no afectará el cumplir con la normalidad mínima de operación escolar.

- Considerar el uso de tecnologías de la información y la comunicación.
- La Dirección General de Formación Continua, Actualización y Desarrollo Profesional de Maestros de la Subsecretaría de Educación Básica dará a conocer las opciones de formación a través de distintos medios, al inicio y durante el ciclo escoalr.

¿QUÉ PASA SÍ...?

- El tutor ya no puede continuar con la función de la tutoría: Se les recuerda la carta compromiso firmada al momento de su asignación, en caso de desistir realizar un escrito dirigido a las Autoridades Educativas Locales donde expondrá y justificara con claridad las causas o motivos que le impidan seguir con la función tutora. La Autoridad Educativa Local realiza la valoración y dará respuesta.
- Un docente o técnico docente de nuevo ingreso no quiere recibir tutoría: el tutorado debe saber que se asigna por mandato de ley y tiene derecho al acompañamiento de un tutor con la finalidad de fortalecer capacidades, conocimiento y competencia para facilitar su incorporación a la dinámica escolar y de manera general al SPD en Educación Básica. Así como es un derecho es una responsabilidad que no puede ser eludida ya que es un apoyo para las prácticas de enseñanza.
- La relación de trabajo no es cordial en el contexto de la Tutoría: el centro de la tutoría es el diálogo, ya que de ahí se desprende el diálogo, donde se realizaran acuerdos de trabajo profesional, tratando de conciliar aspectos personales que puedan obstaculizar el buen desarrollo de la tutoría. De no establecer un ambiente de trabajo favorable entre tutor y tutorado o de estos con el supervisor o director, se hará del conocimiento de a la autoridad inmediata superior quien en caso de ser necesario informará a la Autoridad Educativa Local que determinará las acciones a seguir.
- El tutor no tiene tiempo de realizar las observaciones: El tutor en caso de no poder realizar las observaciones de manera presencial se valdrá de otros recursos para conocer lo que está pasando al interior del salón de clase, como por ejemplo: el tutorado podrá video grabar su clase para compartirla y analizar su práctica docente.
- El tutor tiene tres tutorados en distintas escuelas: Desde la primera reunión de trabajo se deberá establecer en el plan de trabajo para programar los encuentros necesarios, considerando tiempos, necesidades de traslado. La organización del tiempo debe considerar la función que realizar el tutor (docentes, asesoría técnica pedagógica, directiva, supervisora)

2.11. Revocación de la función de tutoría

Es responsabilidad de la AEL revocar funciones adicionales a la tutoría por los siguientes motivos:

- Proporcionar información falsa o documentación falsa.
- No cumplir con sus obligaciones como tutor.
- Incorporación a cargos de elección popular, cargos sindicales o representantes sindicales.
- Inconsistencias en su desempeño como tutor.
- Resultado insuficiente en evaluación del desempeño
- Solicitud motivada y fundamentada por la AEL.
- Solicitud motivada por docentes y técnicos docentes de nuevo ingreso, previa a la revisión de la AEL.
- Desempeño de función como evaluador, encontrarse en proceso de certificación como evaluador.
- Solicitud del propio tutor.

2.12. Responsabilidades

Responsabilidades de la Secretaría de Educación Pública (SEP)

En el 2017 y 2018 se anexa un apartado que hace mención a las responsabilidades que tiene la SEP en las tutorías.

- Dar a conocer el Marco genera para la organización y funcionamiento de la tutoría en Educación Básica la cual deberá llevarse a cabo como parte del cumplimiento para la prestación de la tutoría que va dirigida a Docentes u Técnicos Docentes de nuevo ingreso.
- Elaborar los documentos y materiales que servirán como apoyo para la tutoría.
- Orientar la operación y desarrollo de la tutoría a las AEL.
- Vincular las actividades del marco general con el Servicio de Asistencia Técnica de la Escuela (SATE), evaluación diagnóstica de los tutorados y la evaluación al término del segundo año.
- Vigilar las acciones relacionadas con la selección, registro, asignación y seguimiento de la tutoría.

- Verificar la validez de la función de los tutores, para otorgar los incentivos durante y al finalizar el ciclo escolar, de manera colaborativa con las AEL.
- Gestionar el pago de los incentivos de los tutorados que cumplan con lo estipulado en los requisitos establecidos en el Marco general.

Responsabilidades de las Autoridades Educativas Locales

- Planear, organizar, operar, dar seguimiento y evaluar la tutoría basados en lo estipulado en el documento de Marco general.
- Selección al personal que docente que fungirá como tutor y que cumpla con los requisitos de la Convocatoria estatal, al inicio del ciclo escolar. En el caso de así requerirlo en el transcurso del ciclo escolar.
- Notificar a los docentes de nuevo ingreso sobre la asignación de un tutor y su modalidad.
- Dar capacitación de los tutores conforme a lo estipulado en el documento Marco general. Proporcionar los materiales de apoyo para la realización de la tutoría.
- Tener una base de datos organizada, sistemática y actualizada de tutores y tutorados que cumplan con los requisitos establecidos por la SEP, proporcionar a la dependencia correspondiente en las fechas y con las condiciones ya estipuladas.
- Asegurar que los docentes de nuevo ingreso reciban tutoría, en los daños a partir de su ingreso de manera continua conforme a lo estipulado en este documento.
- Dar capacitación y orientación a los supervisores escolares para organizar y prestar los servicios de la tutoría en la zona escolar de su cargo, de manera articulada entre el SATE.
- Integrar una base de datos estatal valido y actualizado para incorporar la información en el Sistema de Registro y Seguimiento para la Tutoría en Educación Básica.
- Utilizar la plataforma Moodle para la tutoría en línea y generar los espacios necesarios para llevar a cabo la modalidad de concentración.
- Realizar reuniones, encuentros o foros de tutoría con los docentes de nuevo ingreso con la finalidad de intercambiar experiencias y fortalecer el desarrollo profesional.
- Integrar un equipo estatal que organice, coordine, monitores y de seguimiento a la tutoría de manera que se vislumbren los avances y dificultades enfrentadas y se dé una intervención oportuna a las situaciones imprevistas y problemáticas.

- Dar seguimiento a las acciones llevadas a cabo en la selección, registro y asignación de tutores, así como la integración de evidencias por parte de los tutores.
- Analizar las evidencias de los tutores con el fin de efectuar el pago de incentivos correspondiente, durante y al finalizar el ciclo escolar, de manera colaborativa con la Coordinación Nacional del Servicio Profesional Docente, estipulados.
- Movilizar el pago de incentivos a los tutores que cumplan con los requisitos establecidos en el Marco general.

Responsabilidades de las Supervisiones de zona escolar.

- Ser participe en la capacitación que otorgue la AEL para llevar a cabo la tutoría en la zona escolar y tener una relación con el SATE.
- Orienta y participa en la selección de tutores en la modalidad presencial y de conformidad a lo establecido.
- Informa y sensibiliza al personal de supervisión, directores, tutores y docentes de nuevo ingreso acerca del enfoque, características, organización y la función de la tutoría.
- Colabora con la AEL para asegurarse que los docentes de nuevo ingreso con plaza definitiva de la zona cuentan con el apoyo de un tutor en el transcurso de los 2 años de servicio.
- Recibe y valida los expedientes de los candidatos a tutor de la modalidad en línea, los entrega a la AEL quien se encarga de organizar los Comités Estatales Colegiados de Revisión.
- Colabora en la organización de las reuniones periódicas entre tutor y tutorados en la modalidad presencial, por zona, sector, región a las que sean convocadas por la AEL.
- Da seguimiento al avance de la tutoría presencial con el fin de medir los avances y dificultades de dicho proceso, asesora y apoya la atención de problemas e imprevistos.
- Entrega a la AEL información y documentación que tenga relación con el desempeño del tutor a fin de dar certeza para el pago de incentivos.
- Proporciona información que sea solicitada por la AEL para la integración de un padrón para dar seguimiento y evaluar los resultados de la tutoría.

Responsabilidades de los Tutores

- Cumplir con los requisitos, perfil y selección estipulado de acuerdo con la modalidad de participación.
- Realizar las actividades de la tutoría de la modalidad asignada, entre ellas el registro de evidencia realizado con el tutorado, en los tiempos marcados.
- Establecer comunicación con los tutorados, iniciar y dar seguimiento a las actividades de la modalidad que le corresponde.
- Participa en acciones de capacitación y formación de tutores, así como reuniones organizadas por la AEL, pertenecientes a la tutoría.
- Proporcionar información y documentos que requiera la AEL para integrar a la base de datos de tutores y tutorados, que resulta esencial en la tutoría.
- Se rige bajo los principios de legalidad, certeza, objetividad, imparcialidad y transparencia en el transcurso de la tutoría.
- Protege la información y datos de los tutorados.
En el 2018 se anexa los siguientes incisos:
- Ofrece tutoría al personal docente de nuevo ingreso al menos durante 20 días de cada mes.
- Comunicar 15 días antes cuando decida dejar de ejercer su función.
- Utiliza los recursos de apoyo disponibles en cada modalidad, con la finalidad de mejorar el desempeño de su función.

Responsabilidades de los Docentes y Técnicos Docentes de nuevo ingreso

- Recibe la tutoría en alguna de las modalidades estipuladas en el documento.
- Participa de manera activa en las actividades propias de la tutoría en la modalidad asignada, en los tiempos y condiciones asignados.
- Establece comunicación con el tutor para iniciar y dar continuidad a las actividades de la tutoría en la modalidad correspondiente.
- Asiste a las reuniones, encuentros o foros que organice la AEL para el beneficio de la tutoría.
- Proporciona información que sea solicitada por la AEL en la recopilación, actualización de datos, seguimiento, evaluación y resultados de la tutoría.
- Da respuestas a las solicitudes de información que se necesite por medio del Sistema de Registro y Seguimiento para la Tutoría sobre el avance las actividades.
- Elabora un expediente de desarrollo de la tutoría que este delimitado por el tipo de modalidad en la que se encuentre.

- En el 2018 se anexa que el tutorado deberá responder los instrumentos de consulta o evaluación del proceso de tutoría.

2.13. Derechos de los tutores y tutorados

Derechos de los Tutores

- Participa en la selección imparcial y objetiva, dando cumplimiento a los requisitos del documento y convocatorias.
- Contar con información, clara, oportuna, veraz y suficiente del proceso de selección de tutores y asignación de los tutorados por parte de la AEL, así como el trámite para el pago de incentivos.
- Recibe la notificación por parte de la AEL de la incorporación como tutor en el Sistema de Registro y Seguimiento para la Tutoría en Educación Básica.
- Recibe la notificación de la AEL de la asignación de tutorados realizada por el Sistema de Registro y Seguimiento para la Tutoría en Educación Básica en el transcurso del ciclo escolar.
- Garantía de la protección de datos personales que se le proporciones a la AEL.
- Recibe un trato con apego a la legalidad, certeza, imparcialidad, objetividad y transparencia.
- Accede a la formación continua y capacitación en tutoría que brinde la AEL.

Derechos de los tutorados

- Recibir acompañamiento de un tutor asignado por la AEL en un periodo de los dos primeros años de servicio.
- Recibir un trato respetuoso y en igualdad de condiciones y no discriminación.
- Recibir información suficiente, clara y oportuna sobre el proceso de la tutoría que se ofrece de manera legal por parte de la AEL.
- Recibe la notificación de la asignación de tutor, modalidad, periodo de inicio por parte de la AEL.
- Recibe tratado apegado a los principios de legalidad, certeza, imparcialidad, objetivad y transparencia.

- Emite su opinión de las acciones de acompañamiento y apoyo que ofrece el tutor en el transcurso del ciclo escolar.

2.14. Marco jurídico

En Mayo del 2016 la SEP, emitió un documento titulado "Marco general para la organización y el funcionamiento de la tutoría en Educación Básica" Docentes y técnicos docentes de nuevo ingreso. Ciclos escolares 2016-2017 y 2017-2018. El marco jurídico hace referencia la artículo 3° constitucional que habla sobre la educación obligatoria de manera que los materiales, métodos, organización escolar, infraestructura educativa e idoneidad de los docentes y directivos garanticen el logro de los aprendizajes de los educandos. Así mismo dictamina la evaluación obligatoria para ingresar al servicio, la promoción y reconocimiento de la permanencia al Servicio Profesional Docente respetando los derechos de los trabajadores.

Por otro lado en la Ley General de Educación en el artículo 3° se dictamina que el estado está obligado a ofrecer servicios educativos de calidad que garanticen el logro de los aprendizajes.

Se hace mención del artículo 21 de la Ley General del Servicio Profesional Docente (LGSPD)en el que se establece que el ingreso al Servicio Profesional Docente en el nivel de Educación Básica se llevará a cabo mediante un concurso de oposición que garantice la idoneidad de conocimientos, habilidades y capacidad de los docentes.

El artículo 22 de la LGSPD dictamina que con el objeto de fortalecer las capacidades, conocimientos y competencias del personal docente y técnico docente de nuevo ingreso, tendrá un acompañamiento de un Tutor que será asignado por la Autoridad Educativa de dos años. En este mismo artículo se establece que dicha autoridad realizará una evaluación al finalizar el primer de servicio con el fin de brindar apoyo y realizar un programa pertinente, cuando se concluya con los dos años de la tutoría se evaluará el desempeño del personal docente para conocer si su práctica favorece el aprendizaje de los alumnos y cumple con las exigencias necesarias para seguir desempeñando su función.

El artículo 47 de la LGSPD considera que la tutoría sea un movimiento lateral y que su selección de docentes que desempeñen dicha función se realice con los lineamientos expedidos por el Instituto Nacional para la Evaluación de la Educación (INEE).

En el artículo 3° de los Lineamientos para la Selección de Tutores que acompañaran al personal docente y técnico docente de nuevo ingreso en Educación Básica y Media Superior 2016-2017, que son determinados por el INEE, replica que las funciones tutoras son adicionales al desempeño del personal docente y técnico docente y que se realizará mediante movimientos lateral que permitan el desarrollo profesional establecidos en la LGSPD.

En el año 2017 la Coordinación Nacional del Servicio Profesional Docente expide otro documento sobre el marco general para la organización y el funcionamiento de la tutoría en Educación Básica. Docente y Técnicos Docentes de nuevo ingreso. Ciclos escolares 2017-2018 y 2018-2019, en su marco jurídico hace mención del artículo 3° de la Constitución Política de los Estados Unidos Mexicanos, artículo 3° de la Ley General de Educación, artículo 21, 22 y 47 de la LGSPD ya antes mencionados, a este marco jurídico agregan los lineamientos para la selección de Tutores que acompañan al personal docente y técnico docente de nuevo ingreso en Educación Básica y Media Superior. LINEE-10-2017, que son expedidos por el INEE en el que se establecen los requisitos, fases y procedimientos que sujetan a las Autoridades Educativas, Autoridades Educativas Locales, personal docente y técnico docente a que participe como aspirante para desempeñar tareas de tutoría y acompañamiento al personal docente y técnico docente de nuevo ingreso en Educación Básica.

En el Marco general para la organización y el funcionamiento del esquema de Tutoría en Educación Básica, Regularización del personal docente y técnico docente, ciclos escolares 2018-2019 y 2019-2020. Expedido en el 2018, cambia de nombre y en su marco jurídico, omite el artículo 22 de la LGSPD y añade otros artículos como los siguientes:

El artículo 52 de la LGSPD que establece que la Autoridades Educativas evaluaran el desempeño docente de quienes funjan como director o supervisor en Educación Básica y le Educación Media Superior que sea impartida por el Estado, en la cual también se establece su obligatoriedad de evaluación.

El artículo 53 de la LGSPD puntualiza que el personal que sea evaluado y obtenga resultado insuficiente será incorporado a los programas de regularización que la Autoridad Educativa determine. En los cuales se incluirá la tutoría.

Los lineamientos de selección del docente que desempeñara función tutora en los programas de regularización del personal docente con resultado insuficiente en la evaluación del desempeño primera y segunda oportunidad en educación básica y media superior. LINEE-01-2018 expedidos por el INEE, en los cuales se establecen los requisitos, procedimientos y fases a los que estarán sujetas las AEL y personal docente que quiera desempeñar función de tutoría en los programas de regularización en Educación Básica.

2.15. Funcionamiento de la tutoría

La SEP (2016) la define como una estrategia de profesionalización orientada a fortalecer las capacidades, conocimientos y competencias del personal docente y técnico docente de nuevo ingreso en el servicio público educativo.

Mediante la tutoría se garantiza el derecho del personal de nuevo ingreso de con contar con el apoyo de profesionales experimentados que lo acompañarán académicamente a los largo de dos años, contados a partir de su ingreso al servicio educativo.

Aunado a esto se da cumplimiento con las obligaciones normativas de permanencia de la función Docente o Técnico Docente al contribuir con su incorporación al trabajo escolar y mejorar su desempeño profesional.

2.16. Propósitos

La tutoría tiene los siguientes propósitos:

- Fortalecer las capacidades, conocimientos y competencias del personal docenes y técnico docente de nuevo ingreso para favorecer su inclusión al trabajo educativo, autonomía profesional, participación escolar, comunicación con los padres de familia y permanencia en el Servicio Profesional Docente (SPD).
- Contribuir a la mejora de la práctica profesional con la finalidad de que cuente con más y mejores capacidades para la atención de las prioridades establecidas en Educación Básica y propiciar el logro de los aprendizajes de los educandos.

2.17. Enfoque de la tutoría

La tutoría se distingue por:

- Fortalecer el aprendizaje y autonomía profesional de los Docentes y Técnicos Docentes de nuevo ingreso, mediante el acompañamiento académico de un tutor, lo cual involucra el desarrollo de las habilidades para la resolución de problemas y atención de situación de la práctica cotidiana de un contexto específico.
- Ser un dispositivo de formación profesional centrándose en el diálogo profesional, análisis y reflexión centrado en el aprendizaje y participación de los alumnos en las actividades didácticas.
- Utilizar el aprendizaje entre pares que parte de las experiencias y necesidades cotidianas de los Docentes y Técnicos Docentes de nuevo ingreso, lo que permite una vinculación del aprendizaje obtenido de manera inicial conjuntado con el desarrollo de habilidades en la práctica.
- Impulsar el mejoramiento de las prácticas docentes para favorecer que los alumnos

2.18. Lineamientos para la selección de tutores expedida por el inee (2017).

El siguiente fragmento fue tomado del Diario Oficial de la Federación expedida en el 2017, por la SEP (Secretaria de Educación Pública).

INSTITUTO NACIONAL PARA LA EVALUACION DE LA EDUCACION

LINEAMIENTOS para la Selección de Tutores que acompañarán al personal docente y técnico docente de nuevo ingreso en Educación Básica y Media Superior 2017-2018. LINEE-10-2017.

Al margen un logotipo, que dice: Instituto Nacional para la Evaluación de la Educación.- México.

LINEAMIENTOS PARA LA SELECCIÓN DE TUTORES QUE ACOMPAÑARÁN AL PERSONAL DOCENTE Y TÉCNICO DOCENTE DE NUEVO INGRESO EN EDUCACIÓN BÁSICA Y MEDIA SUPERIOR 2017-2018. LINEE-10-2017.

La Junta de Gobierno del Instituto Nacional para la Evaluación de la Educación, con fundamento en lo dispuesto en los artículos 3o., fracción IX inciso b) de la Constitución Política de los Estados Unidos Mexicanos; 15, segundo párrafo, 29, fracciones I y II y 30 de la Ley General de Educación; 14, 15, fracción III, y 28, fracciones I y III, c) de la Ley del Instituto Nacional para la Evaluación de la Educación; 7, fracciones I y III, c), 47, y 50 de la Ley General del Servicio Profesional Docente.

CONSIDERANDO

Que derivado de la reforma constitucional se estableció en la fracción IX del artículo 3o. la creación del Instituto Nacional para la Evaluación de la Educación, como un organismo público autónomo, con el objeto de coordinar el Sistema Nacional de Evaluación Educativa; correspondiendo al Instituto, evaluar la calidad, el desempeño y resultados del Sistema Educativo Nacional en la educación preescolar, primaria, secundaria y educación media superior. Para lograr lo anterior, el constituyente permanente otorgó al Instituto la facultad de expedir los lineamientos a los que deben sujetarse las autoridades educativas federal y locales, así como los organismos descentralizados para llevar a cabo las funciones de evaluación que les corresponden.

Que de conformidad con los artículos 14 y 15, fracción III; 28, fracciones I, III inciso c); 38, fracciones VI y XXI; 47, 48 y 49 de la Ley del Instituto Nacional para la Evaluación de la Educación; 7, fracciones I y III, inciso c), 22 y 47 de la Ley General del Servicio Profesional Docente, el Instituto diseñará y expedirá los lineamientos en el marco del Servicio Profesional Docente para regular los movimientos laterales y seleccionar, a través de la evaluación al personal Docente y Técnico Docente que desarrollará las funciones de Tutoría al personal docente de nuevo ingreso.

Que la Junta de Gobierno del Instituto, con fundamento en el artículo 38, fracción VI, de la Ley del Instituto Nacional para la Evaluación de la Educación, que le da atribuciones para aprobar los instrumentos, lineamientos, directrices, criterios y demás medidas y actos jurídicos a los que se refiere la Ley, aprueba los siguientes:

LINEAMIENTOS PARA LA SELECCIÓN DE TUTORES QUE ACOMPAÑARÁN AL PERSONAL DOCENTE Y TÉCNICO DOCENTE DE NUEVO INGRESO EN EDUCACIÓN BÁSICA Y MEDIA SUPERIOR 2017-2018. LINEE-10-2017

TÍTULO I

CAPÍTULO ÚNICO

OBJETO

Artículo 1. Los presentes lineamientos son aplicables para el ciclo escolar 2017-2018, y tienen por objeto establecer los requisitos, fases y procedimientos a los que se sujetarán las Autoridades Educativas, las Autoridades Educativas Locales y los Organismos Descentralizados, así como el personal Docente y Técnico Docente que participe como aspirante a desempeñar tareas de Tutoría para acompañar al personal Docente y Técnico Docente de nuevo ingreso en Educación Básica y Media Superior.

Artículo 2. Para los efectos de los presentes lineamientos se entiende por:

I. Autoridades Educativas: A la Secretaría de Educación Pública de la Administración Pública Federal y a las correspondientes en los estados, la Ciudad de México y municipios.

II. Autoridad Educativa Local: Al ejecutivo de cada uno de los estados de la Federación y de la Ciudad de México, así como de las entidades que, en su caso, establezcan para la prestación del servicio público educativo.

Calendario: El Calendario de evaluaciones del Servicio Profesional Docente, correspondiente al año 2017 establecidas en la Ley General del Servicio Profesional Docente, publicado por el Instituto Nacional para la Evaluación de la Educación.

IV. Coordinación: A la Coordinación Nacional del Servicio Profesional Docente, órgano administrativo desconcentrado de la Secretaría de Educación Pública.

V. Comité Colegiado de Revisión: Al órgano conformado por docentes, técnicos docentes, personal directivo y de supervisión encargado de la revisión y valoración de los expedientes de los aspirantes a desempeñarse como tutores para el ciclo escolar 2017-2018.

VI. DINEE: Direcciones del Instituto Nacional para la Evaluación de la Educación en las Entidades Federativas.

VII. Educación Básica: Al tipo educativo que comprende los niveles de preescolar, primaria y secundaria en todas sus modalidades, incluyendo la educación indígena, la especial y la que se imparte en los centros de educación básica para adultos.

VIII. Educación Media Superior: Al tipo educativo que comprende el nivel de bachillerato, los demás niveles equivalentes a éste, así como la educación profesional que no requiere bachillerato o sus equivalentes.

IX. Escuela o Plantel: Al centro escolar en cuyas instalaciones se imparte educación y se establece una comunidad de aprendizaje entre alumnos y Docentes, que cuenta con una estructura ocupacional autorizada por la Autoridad Educativa u Organismo Descentralizado; es la base orgánica del Sistema Educativo Nacional para la prestación del servicio público de Educación Básica o Media Superior.

X. Instituto: Al Instituto Nacional para la Evaluación de la Educación.

XI. Organismo Descentralizado: A la entidad paraestatal, federal o local, con personalidad jurídica y patrimonio propio que imparta Educación Media Superior.

XII. Padrón de Tutores: Al listado de tutores seleccionados por estado, subsistema, nivel educativo, modalidad, supervisión, zona escolar y escuela resultado del procedimiento de selección correspondiente.

XIII. Perfil: Al conjunto de características, requisitos, cualidades o aptitudes que deberá tener el aspirante a desempeñar un puesto o función descrita específicamente.

XIV. Personal Docente: Al personal en la Educación Básica y Media Superior que asume ante el Estado y la sociedad la responsabilidad del aprendizaje de los alumnos en la Escuela y, en consecuencia, es responsable del proceso de enseñanza aprendizaje, promotor, coordinador, facilitador, investigador y agente directo del proceso educativo.

XV. Personal con Funciones de Dirección: A aquel que realiza la planeación, programación, coordinación, ejecución y evaluación de las tareas para el funcionamiento de las escuelas de conformidad con el marco jurídico y administrativo aplicable, y tiene la responsabilidad de generar un ambiente escolar conducente al aprendizaje; organizar, apoyar y motivar a los docentes; realizar las actividades administrativas de manera efectiva; dirigir los procesos de mejora continua del plantel; propiciar la comunicación fluida de la Escuela con los padres de familia, tutores u otros agentes de participación comunitaria y desarrollar las demás tareas que sean necesarias para que se logren los aprendizajes esperados.

Este personal comprende a coordinadores de actividades, subdirectores y directores en la Educación Básica; a jefes de departamento, subdirectores y directores en Educación Media Superior, y para ambos tipos educativos a quienes con distintas denominaciones ejercen funciones equivalentes conforme a la estructura ocupacional autorizada.

XVI. Personal con Funciones de Supervisión: A la autoridad que, en el ámbito de las escuelas bajo su responsabilidad, vigila el cumplimiento de las disposiciones normativas y técnicas aplicables; apoya y asesora a las escuelas para facilitar y promover la calidad de la educación; favorece la comunicación entre escuelas, padres de familia y comunidades, y realiza las demás funciones que sean necesarias para la debida operación de las escuelas, el buen desempeño y el cumplimiento de los fines de la educación.

Este personal comprende, en la Educación Básica, a supervisores, inspectores, jefe de zona o de sector de inspección, jefes de enseñanza o cualquier otro cargo análogo, y a quienes con distintas denominaciones ejercen funciones equivalentes en Educación Media Superior.

XVII. Personal Docente con Funciones de Asesoría Técnica Pedagógica: Al docente que en la Educación Básica y Media Superior cumple con los requisitos establecidos en la Ley General del Servicio Profesional Docente y tiene la responsabilidad de brindar a otros docentes la asesoría señalada y constituirse en un agente de mejora de la calidad de la educación para las escuelas a partir de las funciones de naturaleza técnico pedagógica que la Autoridad Educativa o el Organismo Descentralizado le asigna. Este personal comprende, en la Educación Media Superior, a quienes con distintas denominaciones ejercen funciones equivalentes.

XVIII. Personal Docente con Funciones de Tutoría: Al docente que en la Educación Básica y Media Superior cumple con los requisitos de la Ley General del Servicio Profesional Docente y de los presentes lineamientos, y tiene la responsabilidad de brindar un conjunto de acciones sistemáticas de acompañamiento, apoyo y seguimiento personalizado al nuevo docente en su incorporación al servicio público educativo.

XIX. Reconocimiento: A las distinciones, apoyos y opciones de desarrollo profesional que se otorgan al personal que destaque en el desempeño de sus funciones.

XX. Renovación: Extensión a la vigencia de la función adicional de Tutoría otorgada.

XXI. Revocación: Anulación de la validez de la función adicional de Tutoría, antes de cumplirse la fecha de vencimiento que consta en la misma.

XXII. Secretaría: A la Secretaría de Educación Pública de la Administración Pública Federal.

XXIII. Servicio Profesional Docente o Servicio: Al conjunto de actividades y mecanismos para el Ingreso, la Promoción, el Reconocimiento y la Permanencia en el servicio público educativo y el impulso a la formación continua, con la finalidad de garantizar la idoneidad de los conocimientos y capacidades del Personal Docente y del Personal con Funciones de Dirección y de Supervisión en la

Educación Básica y Media Superior que imparta el Estado y sus Organismos Descentralizados.

XXIV. SNRSPD: Sistema Nacional de Registro del Servicio Profesional Docente.

XXV. Supervisor del INEE o Supervisor: A la persona acreditada por el Instituto Nacional para la Evaluación de la Educación para verificar el cumplimiento de las diferentes actividades de los procesos de evaluación del Servicio Profesional Docente en Educación Básica y Media Superior, así como para recopilar información relevante sobre dichos procesos que sirvan para su retroalimentación y mejora.

TÍTULO II

DEL PROCESO DE SELECCIÓN

CAPÍTULO I

DE LAS CARACTERÍSTICAS Y FINALIDADES DE LA TUTORÍA AL PERSONAL DOCENTE Y TÉCNICO DOCENTE DE NUEVO INGRESO

Artículo 3. La Secretaría, a través de la Coordinación, expedirá y actualizará los Lineamientos para el Reconocimiento en Funciones de Tutoría, tanto en la Educación Básica como en la Educación Media Superior, los cuales deberán incluir un esquema de tutorías que podrá implementarse de la siguiente manera:

I.- Modalidad presencial: implica la asistencia física del Tutor y de los Tutorados en las reuniones de trabajo, la observación en las aulas, así como la comunicación directa y en caso de juzgarlo conveniente por medios electrónicos.

II.- Modalidad en línea: se desarrollará a través de una plataforma virtual, en donde se utilizan diversos dispositivos y medios de comunicación a distancia. En los casos donde se imposibilite el acceso a internet, se ofrecerá el apoyo de material multimedia, y adicionalmente impreso, para asegurar que los Tutorados accedan a las actividades y los materiales de estudio, garantizando el vínculo correspondiente con el Tutor.

Artículo 4. Las Autoridades Educativas, las Autoridades Educativas Locales y los Organismos Descentralizados, en el ámbito de su competencia, deberán de garantizar que el personal de nuevo ingreso tenga acceso a un esquema de tutoría, con el objeto de fortalecer su proceso, mejora profesional, así como sus capacidades, conocimientos y competencias.

Artículo 5. Las funciones de Tutoría son adicionales a las que desempeña el personal Docente y Técnico Docente y se realizarán mediante movimientos laterales que le permitan a dicho personal desarrollarse profesionalmente según sus intereses, capacidades o en atención a las necesidades del sistema, conforme lo determinen las Autoridades Educativas u Organismos Descentralizados y con base en los presentes lineamientos.

Artículo 6 El movimiento lateral a funciones de Tutoría, será adicional a la función que éstos desempeñan. El personal seleccionado mantendrá su plaza.

Los movimientos laterales a funciones de Tutoría podrán ser renovables durante cada ciclo escolar, de acuerdo con los criterios que para tal efecto determine la Secretaría.

Artículo 7. Los movimientos laterales deberán hacerse de conformidad con lo establecido en la Ley General del Servicio Profesional Docente, tomando en cuenta la necesidad educativa y proveyendo las medidas necesarias para no afectar la prestación del servicio educativo.

Artículo 8. Con base en los Lineamientos que emita la Secretaría, los Docentes y Técnicos Docentes que desempeñen funciones adicionales de Tutoría, recibirán incentivos que reconozcan su mérito y favorezcan su avance profesional.

CAPÍTULO II

DE LOS REQUISITOS Y PROCEDIMIENTO PARA LA SELECCIÓN

Requisitos para la selección

Artículo 9. Podrán participar en los procesos de selección para desempeñar funciones adicionales de Tutoría en Educación Básica y Media Superior, el personal con funciones Docentes y Técnicos Docentes en servicio que cumplan con los siguientes requisitos:

I. Acreditar, como mínimo, estudios de nivel superior.

II. Para el caso de Educación Básica, tener nombramiento definitivo como personal Docente o Técnico Docente y haber desempeñado sus tareas durante al menos tres años en el nivel educativo, tipo de servicio, modalidad educativa, asignatura, tecnología, taller o función en la que busque desarrollar las funciones adicionales de Tutoría.

III. Para el caso de Educación Media Superior, tener nombramiento definitivo como personal Docente o Técnico Docente y haber desempeñado sus tareas durante al menos tres años en el subsistema, modalidad, campo disciplinario, tecnología o taller en el que busque desarrollar las funciones adicionales de Tutoría.

IV. Al momento de su registro y hasta la conclusión de su función, abstenerse de desempeñar cargo de elección popular, cargos sindicales o funciones de representación sindical.

V. Presentar evidencia de los elementos contemplados en la Ficha Técnica establecida en el artículo 11, fracción V de estos Lineamientos.

VI Tener habilidades básicas en el manejo de tecnologías de comunicación e información, especialmente cuando se trate de programas en línea o a distancia.

VII. No haber incurrido en alguna falta grave en el cumplimiento de sus tareas institucionales en el servicio.

VIII. Las demás que no contravengan las disposiciones de la Ley General del Servicio Profesional Docente.

En caso de haber presentado la evaluación del desempeño, haber obtenido al menos un resultado suficiente.

La Secretaría, a través de la Coordinación, formulará los criterios para la determinación del número de tutores, de acuerdo a la naturaleza de los diversos servicios educativos.

Proceso de Selección

Artículo 10. El proceso de selección del personal que desempeñará funciones de Tutoría se realizará en apego a los principios de transparencia, equidad, imparcialidad y objetividad que garanticen el derecho de los aspirantes a participar en este proceso, siempre y cuando reúnan los requisitos establecidos en el artículo 9 de los presentes Lineamientos.

Artículo 11. El proceso de selección se desarrollará en las siguientes fases:

I. Publicación y difusión de convocatorias estatales. Las Autoridades Educativas, las Autoridades Educativas Locales y los Organismos Descentralizados, en el ámbito de su competencia, emitirán las convocatorias en sus respectivas jurisdicciones estatales para participar en los procesos de selección en apego a los lineamientos que establezca la Secretaría, a través de la Coordinación.

La Convocatoria estatal deberá cubrir, entre otros, los siguientes aspectos:

a. Requisitos para inscribirse al proceso de selección;

b. Documentación necesaria para la inscripción;

c. Fechas y tiempo que durará el proceso de selección;

d. Lugares de entrega y recepción de documentación;

e. Los procedimientos de selección;

f. Fechas y medios por los que se publicarán los resultados; y

g. Otros elementos que la Secretaría, a través de la Coordinación, determine.

II. Entrega de la documentación asociada a los requisitos establecidos para los aspirantes. Los Docentes y Técnicos Docentes en servicio que cumplan los requisitos para desempeñarse como Tutores deberán presentar, ante la Autoridad Educativa o el Organismo Descentralizado, los documentos respectivos en los términos y plazos establecidos en la convocatoria correspondiente a su jurisdicción. Esta documentación deberá anexarse al formato de solicitud que determine la Coordinación;

III. Integración de expedientes. Las Autoridades Educativas, las Autoridades Educativas Locales y los Organismos Descentralizados serán responsables de reunir y conformar un expediente por cada aspirante que incluya la documentación probatoria correspondiente a cada uno de los requisitos. Este expediente será enviado al Comité Colegiado de Revisión;

IV. Constitución de Comités Colegiados de Revisión: En cada zona escolar en Educación Básica que se justifique de acuerdo con los criterios que emita la Coordinación, se constituirá un Comité Colegiado en el que participará personal directivo y de supervisión, para la revisión y valoración de los expedientes presentados por los aspirantes. En Educación Media Superior, dicho Comité se constituirá en cada plantel o jurisdicción escolar que corresponda. El procedimiento de constitución y funcionamiento de estos Comités será determinado por la Secretaría, a través de la Coordinación;

V. Valoración de expedientes y registro de Ficha Técnica: En función de los criterios que determine la Coordinación, será debidamente requisitada una Ficha Técnica por parte del Comité Colegiado de Revisión, en la cual se registrará la información y los elementos de ponderación de cada uno de los aspirantes. Esta Ficha tendrá que contener información congruente que permita valorar el grado de cumplimiento del perfil correspondiente al tutor aprobado por las Autoridades Educativas y los Organismos Descentralizados para el ciclo escolar 2017-2018.

Esta Ficha Técnica será definida por la Secretaría, a través de la Coordinación, y autorizada por el Instituto. El personal con funciones de Dirección y las instancias competentes de acuerdo con los criterios que fije la Coordinación, serán los responsables de proporcionar a los Comités Colegiados de Revisión la documentación probatoria proporcionada por los aspirantes para su postulación correspondiente.

efecto de disponer de mayores elementos de juicio, el Comité Colegiado de Revisión podrá llamar a los aspirantes para sostener una entrevista en la que se puedan realizar las preguntas de ampliación de información o profundización sobre los aspectos involucrados en los requisitos, los elementos y criterios de valoración establecidos.

VI. Integración de información y elección de aspirantes. La información derivada de la valoración colegiada de los expedientes será la base que fundamente la decisión de elección del aspirante, previo a ello la Coordinación Nacional del Servicio Profesional Docente deberá entregar al Instituto los criterios en los que fundamentará la valoración de los expedientes para el proceso de selección;

VII. Entrega de resultados. El personal con funciones de Dirección y las instancias competentes deberán informar a los aspirantes de los resultados y entregar a las Autoridades Educativas, a las Autoridades Educativas Locales y a los Organismos Descentralizados la información de los aspirantes seleccionados, acompañados de los expedientes y las Fichas Técnicas de valoración.

Las Autoridades Educativas, las Autoridades Educativas Locales y los Organismos Descentralizados formalizarán los movimientos laterales de reconocimiento correspondiente, de acuerdo con lo que establezca la Secretaría, a través de la Coordinación.

VIII. Registro institucional de información. Las Autoridades Educativas, las Autoridades Educativas Locales y los Organismos Descentralizados deberán hacer el registro de los Tutores electos en el SNRSPD, de acuerdo a los criterios que fije la Secretaría, a través de la Coordinación, a efecto de alimentar un Padrón de Tutores por estado, subsistema, nivel educativo, modalidad, supervisión y escuela, según corresponda, para Educación Básica y para Educación Media Superior.

IX. Inducción o capacitación. El personal que haya sido seleccionado para desarrollar funciones de tutoría recibirá la inducción o capacitación necesaria por parte de la Autoridad Educativa, Autoridades Educativas Locales y Organismos Descentralizados y en su caso con el apoyo de la Secretaría, a través de la Coordinación.

Artículo 12. Una vez concluido el proceso de selección, las Autoridades Educativas, las Autoridades Educativas Locales y los Organismos Descentralizados deberán incorporar a los Tutores en el Sistema Nacional de Registro del Servicio Profesional Docente a más tardar el 4 de agosto de 2017.

TÍTULO III

CAPÍTULO ÚNICO

De la Revocación de las Funciones

Artículo 13. Es atribución de las Autoridades Educativas, de las Autoridades Educativas Locales y de los Organismos Descentralizados revocar las funciones adicionales de Tutoría. Serán motivos de revocación los siguientes:

I. Por haber proporcionado información falsa o documentación apócrifa;

II. Por no cumplir con las obligaciones del presente ordenamiento o de sus funciones como tutor;

III. Por desempeñar cargos de elección popular, cargos sindicales o funciones de representación sindical;

IV. Por mostrar inconsistencias sistemáticas en su desempeño como tutor;

V. Por haber obtenido resultado insuficiente en su evaluación de desempeño;

VI. Por solicitud fundada y motivada de la Autoridad Educativa correspondiente;

VII. Por fallecimiento del tutor;

VIII. A solicitud del mismo tutor.

TÍTULO IV

CAPÍTULO ÚNICO

De la Revisión y Supervisión del proceso de selección

Artículo 14. Corresponde a la Unidad de Normatividad y Política Educativa del Instituto, acreditar al personal de las DINEE para llevar a cabo la supervisión durante el proceso de selección de tutores que acompañarán al personal Docente y Técnico Docente de nuevo ingreso. Cuando sea necesario la Unidad de Normatividad y Política Educativa podrá habilitar al personal del Instituto que considere necesario para cubrir la supervisión.

Artículo 15. El personal de las DINEE y el personal del Instituto que sea acreditado en carácter de Supervisor del INEE tendrá las siguientes facultades:

I. Comprobar que los procesos de selección se desarrollen en estricto apego de los lineamientos emitidos por el Instituto;

II. Llevar a cabo la función de Supervisor del INEE durante el desarrollo de las fases de los procesos de supervisión correspondiente;

III. Reunir la información relativa a cualquier fase de los procesos de selección que le sea solicitada por el Instituto;

IV. Las demás que sean establecidas en el protocolo de supervisión que implemente el Instituto.

Artículo 16. Las Autoridades Educativas, las Autoridades Educativas Locales y los Organismos Descentralizados deberán realizar los procesos de selección con apego a los presentes lineamientos; en materia de evaluación educativa, todos los lineamientos que emita el Instituto, con sus distintas denominaciones y de conformidad con la Constitución Política de los Estados Unidos Mexicanos, con la Ley del

Instituto Nacional para la Evaluación de la Educación, con la Ley General del Servicio Profesional Docente y con la Ley General de Educación, son obligatorios para las mismas.

Artículo 17. El Instituto podrá revisar y supervisar en cualquier momento las diferentes fases del proceso de selección, y en su caso, requerir a las Autoridades Educativas, a las Autoridades Educativas Locales y a los Organismos Descentralizados, la información que considere necesaria para cumplir la supervisión y vigilancia que la ley señala, teniendo éstas un plazo máximo de diez días hábiles para responder de manera completa a la información requerida.

En caso de que el Instituto realice una solicitud de información urgente, éste podrá determinar la reducción del plazo máximo de diez días hábiles para que se responda.

TÍTULO V

CAPÍTULO ÚNICO

De las Responsabilidades Administrativas

Artículo 18. De conformidad con los artículos 49, primer párrafo y 65, fracción II, de la Ley del Instituto Nacional para la Evaluación de la Educación, los servidores públicos de la Coordinación, de las Autoridades Educativas, de las Autoridades Educativas Locales y de los Organismos Descentralizados que incumplan con las obligaciones establecidas en los presentes lineamientos, serán sujetos a la legislación en materia de responsabilidades administrativas correspondiente.

Artículo 19. La Coordinación, las Autoridades Educativas, las Autoridades Educativas Locales y los Organismos Descentralizados deberán sujetarse a las fechas establecidas en el Calendario, fechas que en su caso podrán ser modificadas por el Instituto.

En caso de incumplimiento por parte de las autoridades educativas señaladas en el párrafo anterior, podrán hacerse acreedores a las responsabilidades administrativas correspondientes, en términos del presente Capítulo.

Transitorios

Primero. Los presentes Lineamientos, de conformidad con los artículos 40 y 48 de la Ley del Instituto Nacional para la Evaluación de la Educación, deberán hacerse del conocimiento público a través de la página de Internet del Instituto www.inee.edu.mx.

Segundo. Los presentes Lineamientos entrarán en vigor al día siguiente de su publicación en el Diario Oficial de la Federación.

Tercero. Las disposiciones relativas y temporalidad expresada en el artículo primero de los lineamientos LINEE-04-2016, serán únicamente aplicables al ciclo escolar 2016-2017, siendo aplicables a partir de su publicación los presentes lineamientos para el ciclo escolar 2017-2018.

Cuarto. Las situaciones no previstas en los presentes Lineamientos, así como aquellas que planteen por escrito las Autoridades Educativas, las Autoridades Educativas Locales y los Organismos Descentralizados, serán resueltas por el Instituto y la Secretaría, a través de la Coordinación, en el ámbito de sus respectivas competencias y atribuciones.

Quinto. Con base en las necesidades del sistema, en las escuelas de organización incompleta, podrá desempeñar funciones de tutoría, el personal con funciones de Dirección, Supervisión y Asesoría Técnico Pedagógica, de acuerdo a los criterios que establezca la Secretaría, a través de la Coordinación.

Ciudad de México, a trece de marzo de dos mil diecisiete.- Así lo aprobó la Junta de Gobierno del Instituto Nacional para la Evaluación de la Educación en la Cuarta Sesión Extraordinaria de dos mil diecisiete, celebrada el trece de marzo de dos mil diecisiete.- Acuerdo número **SEJG/04-17/03,R**. La Consejera Presidenta, **Sylvia Irene Schmelkes del Valle**.- Rúbrica.- Los Consejeros: **Eduardo Backhoff Escudero**, **Gilberto Ramón Guevara Niebla**, **Margarita María Zorrilla Fierro**.- Rúbricas.

El Director General de Asuntos Jurídicos, **Agustín E. Carrillo Suárez**.- Rúbrica.

(R.- 447069)

CAPÍTULO III.
DESCRIPCIÓN DE LA ESCUELA

3.1. Ubicación

Contexto interno

La primaria Mariano Escobedo ubicada en Ejido de la Crespa, San Mateo Otzacatipan, calle Mariano Escobedo s/n cuenta con una matricula de 154 alumnos, una plantilla de 11 docentes, 1 para primer grado, 1 para segundo, 1 para tercero, 2 para cuarto, 2 para quinto, 2 para sexto, director, secretaria e intendente lo que la hace una escuela de organización completa, de los docentes que laboran en dicha institución tienen 13 o más años de servicio en la escuela, la escuela carece de misión, visión y organigrama.

Los docentes tienen distintos lugares de origen, docentes que viven en la comunidad y docentes que vienen de lejos, el 100% de los docentes, son docentes jóvenes.

La institución cuenta con una infraestructura de una tienda de consumo escolar de lámina, palapas para que los niños coman, 9 aulas, una pequeña biblioteca que la hace a su vez de aula de medios, la dirección, un área específica de USAER (Unidad de Servicios de Apoyo a la Educación Regular), un salón que sirve como bodega, sanitarios para maestras y maestros, así como los de los alumnos, el servicio sanitario es muy precario ya que los alumnos se ven en la necesidad de acarrear agua para que el inodoro baje, carecemos de un aula de computación, así como de proyectores, computadoras y bocinas. El campo de futbol y basquetbol es extenso, cuenta con un área de juegos (pasamanos, sube y baja y aros).La escuela es de jornada regular ya que se trabaja de 8:00 hrs a 13:00 hrs.

Contexto externo

Es una comunidad complicada por el alto índice de inseguridad, esta situada cerca de la iglesia Cristo Rey por lo que sus festividades son muy arraigadas. Los padres de familia en un 30% se dedican al comercio, 10% realiza actividades ilícitas y un 60% trabaja en empresas, la escolaridad máxima de la mayoría de los padres oscila entre la secundaria y el bachillerato. A pocos metros de distancia se encuentra el centro de salud al cual acuden los alumnos en situación de enfermedad. La participación de los padres de familia es de un 40% ya que consideran que la educación y asistir a la escuela no tiene ninguna ventaja. La cantidad de hijos por familia es de 3 hasta 5 integrantes lo que obliga a ambos padres a trabajar y que los alumnos se queden al cuidado de la abuelita o de una niñera.

3.2. Visión

Nuestra escuela es la institución líder cuya política está basada en la transformación de los resultados educativos. El director es el responsable del buen funcionamiento de la institución, realiza el seguimiento pertinente al logro de las metas y rinde cuenta bajo una cultura democrática con apego a la legalidad y el sentido de justicia. El director, docentes y personal de apoyo contribuyen en la gestión del trabajo colectivo para mejora de aprendizajes. Se fortalece el proceso educativo mediante la formación profesional permanente, se posibilitan aprendizajes significativos, se eleva el nivel de desempeño y se atienden los reclamos que la sociedad demanda. Somos una comunidad escolar con prestigio que cuenta con un espacio agradable, infraestructura y recursos óptimos y suficientes para el desarrollo de las actividades pedagógicas. Las tareas de organización escolar se sustentan en la responsabilidad y compromiso para ofrecer un servicio eficiente y transparente.

3.3. Misión

Ofrecer un servicio educativo de calidad en la escuela primaria Mariano Escobedo para formar alumnos y alumnas capaces de desarrollar competencias, que les permita construir un proyecto de vida para interactuar en sociedad, transformar su entorno y mejorar sus condiciones personales; a través de un trabajo colaborativo y articulado entre los miembros de la comunidad escolar, que favorezca un ambiente institucional basado en la atención a la diversidad lingüística, social, cultural, de capacidades de ritmos y estilos de aprendizaje; el ejercicio de la libertad para la toma de decisiones y a la resolución de conflictos cotidianos; el respeto a la integridad física y a la dignidad de las personas; y el desarrollo de una conciencia de pertenencia a la institución.

3.4. Organigrama

El organigrama de la institución es el siguiente:

3.5. Docentes

En la zona escolar P303 el total de docentes es de 140, la zona está conformada por ocho escuelas oficiales, tres de ellas cuentan con el doble turno, también estan incluidas 3 escuelas particulares. De esta cifra de docentes 8 fungen como tutores y hay 8 docentes que son de nuevo ingreso los cuales tiene asignado un tutor por cada uno. En un 95% de los docentes cuenta con su título profesional, el resto están como interinos o pasantes, las escuelas se encuentran en un lugar céntrico lo que ocasiona en la mayor parte de las instituciones conflictos con los alumnos por la situación de su contexto familiar. Los docentes que laboran en la zona escolar residen cerca de su institución lo que facilita su traslado a su centro de trabajo.

CAPÍTULO IV.
RESULTADOS DE LA INVESTIGACIÓN

4.1. El trabajo de los docentes tutores y tutorados

En este capítulo se presentan las entrevistas y las respuestas emitidas por los supervisores escolares de 3 zonas escolares distintas, en ella se incluye el supervisor de la zona escolar p303, los directivos escolares, tutores y tutorados de la zona escolar anteriormente mencionada.

Análisis de entrevista a supervisor

Las respuestas emitidas por los supervisores escolares acerca de que es la tutoría, se muestran a continuación:

Informante A: En el ámbito de la educación, tutoría es el acompañamiento académico a un docente hecho por otro docente, director o personal de supervisión escolar, en el ánimo de apoyar, orientar y asesorar al compañero en seguimiento.

Informante B: Es una estrategia de asesoría y acompañamiento que consiste en ofrecer un apoyo cercano y horizontal, orientado a fortalecer las competencias del personal docente y técnico docente en servicio, es ofertada por un Tutor o docente experimentado a un novato que se incorpora a la docencia.

Informante C: Es una estrategia de profesionalización para fortalecer las competencias del personal docente y técnico docente de nuevo ingreso para mejorar su práctica, a través del acompañamiento y seguimiento de un docente con mayor experiencia y antigüedad en el servicio, con una duración de dos años.

Las respuestas emitidas por los informantes se apegan a lo que se establece en el marco para la organización de las tutorías, lo que demuestra que tienen un amplio conocimiento en dicho rubro.

Respecto al conocimiento acerca de los documentos normativos que rigen la tutoría contestan lo siguiente:

Informante A: Si, la Ley de Servicio Profesional Docente y la Ley del Instituto de Evaluación Educativa, a través del servicio profesional docente.

Informante B: Si, el marco general para la organización y el funcionamiento de la tutoría en educación básica, obtuve la información a través de revisar los lineamientos para ofertar la tutoría, información que comparte el servicio profesional docente.

Informante C: Si, el Manual para Tutor de Docentes y Técnicos Docentes de nuevo Ingreso. Educación Básica, si mediante el servicio profesional docente.

En el caso de estas respuestas solo dos de los informantes hacen mención a los documentos sobre los cuales estan sustentados el marco teórico de dicha investigación, el único documento que les falto mencionar a los 3 supervisores son los lineamientos para la selección de tutores.

Sobre el proceso y requisitos para la selección de tutores los supervisores respondieron lo siguiente:

Informante A: El proceso se hace seleccionando al docente con mejores herramientas, disposición, elementos para tutoría y compromiso.

Informante B: Si, se encuentran en el documento Marco general para la organización y el funcionamiento de la Tutoría en Educación Básica, entre los más sobresalientes se requiere: a) Contar con título de licenciatura. b) Tener nombramiento definitivo como personal Docente o Técnico Docente. c) Contar con al menos tres años en el servicio, d) Tener habilidades básicas en el manejo de tecnologías de la información y la comunicación, e) No haber incurrido en alguna falta grave en el cumplimiento de sus tareas institucionales en el Servicio. f) En caso de haber presentado la Evaluación del Desempeño, haber obtenido al menos resultado Suficiente, entre otras.

Informante C: Si, los cuales se encuentran en la convocatoria.

En este cuestionamiento en efecto, mencionan la convocatoria que se emite para la selección de tutores pero se deja de lado los lineamientos para la selección de tutores, en el caso del informante B da una lista de la documentación que se solita para ser tutor una vez que se ha aprobada su solicitud. En el caso de los otros dos supervisores solo hacen mención a los documentos y en la respuesta de alguno de ellos pareciera que no tiene ningún fundamento y lo hace basado en su experiencia.

En cuestión a la selección de tutores, la notificación y quien es el responsable respondieron:

Informante A: Si y se realiza una invitación al docente argumentando por qué ha sido seleccionado, haciendo notar sus virtudes, preparación profesional que le caracteriza para ser la propuesta idónea.

Informante B: Si participé en la selección de tutores, supervisión y asesor metodológico se encarga de ello y me notificaron cuando presente los resultados de la ficha de ponderación.

Informante C: Si participé en la selección de tutores, me encargue de dar a conocer la convocatoria y a su vez hacer la recepción de la documentación correspondiente

En lo que respecta a este punto los supervisores solo hacen mención de lo que hacen desde su oficina sin tomar en cuenta las disposiciones estipuladas para notificar, así como los responsables de dar dicha notificación, lo que puede dar cuenta de la poca retención de información que tienen o la desinformación de la que son participes, así como la facilidad con la que se deslindan de responsabilidades.

Al respecto a la recepción de la documentación de los aspirantes a tutor, su validación y remisión, argumentan:

Informante A: He recibido la documentación de los interesados en ser tutores, posteriormente se remitieron a la siguiente instancia administrativa para su análisis y aprobación. Su servidor valido la información contenida en la documentación remitida por el interesado. Se selecciona a los candidatos a ser tutores en base a su perfil, a su desempeño laboral, a su preparación, en su actualización, en su disposición, en su interés por apoyar al compañero, esto con la finalidad que esta función tenga el óptimo logro.

Informante B: Si recibí la documentación y se remitió a la encargada del programa del Servicio Profesional Docente en la SREBA, su servidor y el asesor metodológico validamos los expedientes.

Informante C: Si recibí la documentación, se elaboró una base de datos con la información de los tutores y tutorados la cual es remitida a la subdirección regional con el responsable del área de servicio profesional docente.

En este caso solo uno de los supervisores hace mención de la base de datos que se requisita para ser remitida posteriormente y de manera continua, los tres coinciden en recibir la documentación, solo dos de ellos mencionan la realización de la validación de los documentos, así como la instancia a la cual es remitida dicha información.

El proceso de selección de tutores según los supervisores se dio de la siguiente manera

Informante A: Es labor de convencimiento, basados en su desempeño como docente

Informante B: Se compartió con todo el personal docente la convocatoria sobre el proceso de selección de Docentes para realizar funciones de Tutoría, se recibieron los expedientes de los aspirantes en la supervisión escolar, se hizo una revisión de los documentos, se sumaron los puntajes obtenidos en la ficha técnica de ponderación de cada aspirante y se informó quien cubría los requisitos necesarios para fungir como Tutor.

Informante C: Basándonos en los lineamientos, en la convocatoria emitida, la cual se le da a conocer a todo el personal a mi cargo.

Los supervisores tienen distintos puntos de vista sobre cómo se realiza dicho proceso, solo dos de los informantes refirieron que se basan en lo lineamientos pero uno es más específico y ahonda más en la información.

En cuanto al cuestionamiento acerca de si la tutoría fue impuesta o solicitada refieren lo siguiente:

Informante A: Regularmente se hace labor de convencimiento, ya que impuesto no tiene los resultados esperados, por la actitud profesional, la responsabilidad y el compromiso son básico para obtener resultados óptimos.

Informante B: La participación en funciones de Tutoría es voluntaria, se comparte la convocatoria y participa como Tutor quien así lo desea.

Informante C: se les extiende una cordial invitación en caso de obtener nulas respuestas se selecciona al tutor con mejor desempeño de la zona.

En este caso los supervisores mencionan que usan el discurso para lograr que los docentes a su cargo acepten ser tutores, solo uno de ellos mencionan que se les extiende la convocatoria y que lo hace de manera voluntaria.

La modalidad de la tutoría que se lleva a cabo en cada zona escolar es la siguiente

Informante A: Es presencial, ya está modalidad permite presenciar la clase, así como hacer las observaciones en tiempo real al tutorado.

Informante B: Presencial

Informante C: Presencial

En este cuestionamiento no refirieron más modalidades de la tutoría, pareciera que las otras modalidades aunque estan estipuladas no son tomadas en cuenta o no son necesarias.

Los supervisores refieren el número de tutores y tutorados, así como la manera en que se da a conocer dicha asignación como la siguiente:

Informante A: Son cuatros tutores docentes frente a grupo, en cuanto a los tutorados no tengo el dato exacto, la información es de conocimiento de toda la zona

Informante B: Si son 3 tutores y 5 tutorados y conozco la información porque soy responsable, además de recopilar la documentación necesaria.

Informante C: Son 11 tutores en la zona y son aproximadamente 5 tutorados, se les dio a conocer vía correo electrónico.

A pesar de estar inmersos en la tutoría, los supervisores conocen el número de tutorados probablemente por la recepción de documentos pero desconocen el número de tutorados lo que puede llevarnos a inferir que la tutoría no es algo que se esté llevando de la manera idónea o estipulada.

En el cuestionamiento acerca de cómo dio a conocer a los tutores respondieron:

Informante A: Regularmente todo el proceso es de conocimiento de todo el personal, en el ánimo de conocer las funciones de ellos.

Informante B: En una primera reunión de presentación entre Tutores y Tutorados.

Informante C: Vía correo electrónico.

Los supervisores tienen ideas contradictorias acerca de cómo dan a conocer a sus tutorados los tutores previamente seleccionados, lo que permite inferir que la tutoría se está realizando más para cumplir un requisito que como algo que realmente ayude al crecimiento profesional. Tampoco se hace mención de las reuniones que se realizan para la presentación de tutores.

Los supervisores refieren el grado de estudio de los tutores

Informante A: Regularmente sus estudios son de maestría terminada con título o bien amplia experiencia.

Informante B: Licenciatura y maestría.

Informante C: 3 con Maestría y 3 con Licenciatura.

Se puede notar que el grado máximo de estudios de los tutorados es de maestría, aunque no es un requisito para ser tutor se muestra la dedicación de la selección en algunos casos del supervisor y en otros casos de su instancia inmediata.

Sobre la cantidad de reuniones, temática abordan, el tiempo invertido y los espacios destinados refieren lo siguiente:

Informante A: Cada dos meses para dar seguimiento a sus actividades plasmadas en su plan de trabajo, así como compartir dudas y experiencias en este proceso. La planeación didáctica, el desarrollo de las actividades planeadas, la eficacia de los instrumentos de evaluación empleados, los materiales didácticos utilizados, la congruencia de la planeado y los realizado. . . . En contra turno, esto con la finalidad de no suspender practicas docentes, las reuniones son breves. El espacio físico es en la escuela más cercana para los cuatros tutores para abreviar tiempo en traslados, fue determinada por consenso de los tutores y tutorados.

Informante B: Tres reuniones por ciclo escolar, pero se está al pendiente de la elaboración de oficios de comisión para realizar las visitas de acompañamiento a la práctica docente del Tutorado. Elaboración de un Plan de Trabajo, recomendaciones y sugerencias sobre las observaciones en el aula, diseño de una planificación didáctica, acompañamiento, comunicación y seguimiento a los Tutorados en base a sus necesidades formativas, etc. Después de la jornada laboral. La institución donde labora el Tutorado, biblioteca municipal, se ha ofrecido la sala de reuniones del Centro Administrativo, etc.

Informante C: poco frecuente. Planeación, análisis del plan y programas de estudio, evaluación, observaciones de clase. En contra turno. Las instituciones en las que se encuentran los tutorados. De acuerdo a lo establecido en el punto 4.2 lugar para realizar la tutoría del apartado IV Principales actividades en la tutoría presencial del Manual para Tutor de Docentes y Técnicos Docentes de nuevo Ingreso. Educación Básica.

Los 3 supervisores concuerdan que esta función la realizan en contra turno para no interferir con normalidad mínima y que las instituciones de su zona escolar estan a su disposición, lo que coincide con lo establecido en los manuales, como tuvo a bien citar el informante C.

En relación al seguimiento que el supervisor tiene en cuanto a la tutoría, reuniones, horarios y la realización de una evaluación respecto a la tutoría hacen alusión a:

Informante A: Si se lleva el seguimiento de este proceso, se realiza mediante un acompañamiento donde se va requisitando una escala de desempeño, se da a conocer los aspectos a evaluar, además se comparte las observaciones con la finalidad de ir mejorando el proceso. Si se resuelve un cuestionario.

Informante B: Sí, aunque no muy formal. A través de reuniones en las que se convoca a Tutores y Tutorados se realizan cuestionamientos que permiten visualizar la confianza que existe entre ellos, la comunicación y los avances en cuanto a su Plan de Trabajo. Solicito comentarios de los logros alcanzados a la fecha. Se comparten las estrategias que emplea cada Tutor y Tutorado en plenaria. De la experiencia se aprende. No me corresponde.

Informante C: Si, a partir del plan de trabajo de tutores se da una revisión de dicho plan y las evidencias que se tiene en las sesiones. No entra dentro de mis funciones

Solo un supervisor realiza la evaluación, los dos restantes mencionan que no es algo que les competa realizar y los 3 tienen diferentes formas de evaluar y dar seguimiento a dicho procesos.

En lo que se refiere a la capacitación a supervisores para la tutoría aluden a lo siguiente:

Informante A: Si he participado en capacitaciones que ofrece el personal de la Subdirección Regional.

Informante B: Si, en el taller "ser tutor de un docente o técnico docente de nuevo ingreso de Educación Básica" con una duración de 40 horas, donde se abordó la temática la experiencia de ingreso a la docencia, el significado de la tutoría para los docentes y técnicos docentes de nuevo ingreso, las necesidades profesionales de los docentes y técnicos docentes como contenido de la Tutoría, Las funciones y responsabilidades en el Marco de la Tutoría, Acciones básicas de los Tutores y los Tutorados, La inserción del docente de nuevo ingreso en la escuela, La mejora del desempeño del tutorado al interior del aula, características del dialogo profesional el Tutor y el Tutorado y Preparación de la reunión inicial del Tutoría.

Informante C: Al inicio del ciclo escolar para compartir con los directores y tutores el contenido del Manual para Tutor de Docentes y Técnicos Docentes de nuevo Ingreso. Educación Básica.

Si han participado en capacitaciones, uno de los informantes detalla el nombre de cada uno de ellos y un supervisor ha participado en dar asesoría sobre la tutoría pero basándose en los documentos que se expiden de manera oficial, como se puede notar, no todos participan o tienen la misma información sobre lo que se debe de realizar, a pesar de que es algo que se debe de llevar de manera nacional.

La respuesta al planteamiento sobre la remisión de información y documentación relacionada al desempeño de la tutoría lo abordan de la siguiente manera:

Informante A: Se remite información y documentación a la instancia correspondiente, tal es el caso como el expediente del tutor y del tutorado, así como base de datos de los interesados, además dar información a los tutores y tutorados de los procesos.

Informante B: No, solo se lleva un seguimiento en plataforma de manera mensual, donde los tutores mandan captura de la plataforma vía correo y se les hace llegar una notificación cuando aún no requisita.

Informante C: Bases de datos que solicita la CNSPD de tutores o tutorados.

Dos de los supervisores mencionan que se realiza un seguimiento en una plataforma de manera mensual, otro de ellos menciona solo la actualización de datos que solicitan para la base.

Las respuestas otorgadas por los supervisores acerca de los incentivos que reciben los tutores refieren lo siguiente:

Informante A: La norma señala que solo reciben incentivos económicos, aquellos tutores que sean docentes frente a grupo, que realicen en tiempo y forma y cumplan con los requerimientos solicitados en plataforma, plan, evidencias, resolución de cuestionarios...

Informante B: Actualmente si llega y es económico, los primeros 3 años no se otorgó el incentivo económico.

Informante C: Si, económico.

Los 3 supervisores conocen que se les da un incentivo económico, lo cual dista mucho de lo que los tutores refieren en su entrevista.

Acerca del conocimiento de una plataforma manejada por los tutores responden lo siguiente:

Informante A: La plataforma de Servicio Profesional Docente en el apartado de tutorías

Informante B: Si, es el proyecto venus, en donde Los Tutores deben ingresar a esta liga con su Usuario y Contraseña la última semana de cada mes, para subir información que, de cuenta de las actividades desarrolladas con su tutorado, a partir de su plan de trabajo diseñado en conjunto.

Informante C: Si, en la que cada mes los tutores suben sus evidencias.

Dos supervisores refieren que tienen el conocimiento acerca de una plataforma donde se remiten evidencias, solo uno de ellos conoce la plataforma y detalla el modo de acceso, esto podría sugerir que la información nuevamente no es la misma para todos cuando debería de ser igual.

Los supervisores se refieren de la siguiente manera en cuanto al desempeño de sus tutores y tutorados.

Informante A: Con un instrumento de seguimiento en el desarrollo de su tutoría, en los comentarios de ambas partes, en el acompañamiento en el desarrollo de este proceso, conocer de cerca el desempeño de cada función. Con escalas de seguimiento, rubricas que cumplan con el desempeño idóneo del tutorado, asi como los resultados obtenidos con las metas a corto plazo. En la reuniones de asesoría trimestrales se socializar el desarrollo de la actividad en donde se comparten todas la actividades realizadas en las tutorías, así como el seguimiento del cumplimiento de todas las actividades establecidas en su plan de trabajo, además como la información subida a plataforma en tiempo y forma.

Informante B: Hay Tutorados que no tan fácilmente aceptan el apoyo, creen que ya lo saben todo y disponen de tiempo, quieren que todo sea muy rápido. Los

Tutores requieren tomar un curso o diplomado para conocer las acciones que les corresponde desarrollar con sus Tutorados.

Informante C: En ocasiones el trabajo del tutor baja de calidad considerablemente por el hecho de atender al tutorado por el incentivo que ofrecen, además el traslado que hacen el tutor y sobre todo, el descuido de los alumnos del docente con función de tutor.

Los supervisores consideran que el desempeño de sus tutores no es la adecuada, por la ideología de alguno de ellos y en el caso de los tutorados hay cierta resistencia a aceptar la tutoría como parte de su formación, este factor puede ser la formación académica con la que cuenten los maestros de nuevo ingreso o bien la actitud del tutor para con los tutorados lo que podía afectar el fin de la tutoría.

La evaluación a la tutoría la consideran de la siguiente manera:

Informante A: Se debe asignar personal por parte del servicio profesional docente especializada para realizar este función o bien implementar cursos obligatorios para que asistan los tutorados, estos cursos deben ser ofertados por centros de maestros, escuelas normales, el instituto profesional o bien el instituto de ciencia de la educación del estado de México.

Informante B: Actualmente se ha mejorado el servicio, los tutores y tutorados pertenecen a la zona, se tiene comunicación con Tutores y Tutorados para conocer los avances, se realizan 3 reuniones durante el ciclo escolar para identificar fortalezas y áreas de oportunidad. Es benéfica cuando realmente se desarrolla como debe ser, los docentes se ven fortalecidos. Se le reconocería los cambios y aprendizajes del tutorado y el tutorado es el único que podría evaluar al tutor ya que fue el quien recibió ese servicio.

Informante C: se debe de capacitar más al personal que va a fungir dicha función. Los evaluaría en función de sus necesidades, avances y logros. Considero que es benéfica por el hecho de que se le da un acompañamiento y seguimiento a los docentes de nuevo ingreso.

Dos supervisores coinciden en que se debe de capacitar a las personas que estan a cargo de dicho programa, pero de manera general consideran que el fin de la tutoría es bueno, pero no la ejecución, así como la poca capacitación que se le brinda a las personas encargadas de ejecutar ducho programa.

Sobre los cambios que realizarían a la tutoría comentan lo siguiente

Informante A: al personal que remite la información o que se encarga de dicho proyecto

Informante B: Mayores orientaciones para fortalecer el trabajo de tutoría y que el incentivo económico fuera mejor retribuido.

Informante C: Debe de apegarse a los lineamientos emitidos y la normatividad.

Los supervisores consideran que se deben de modificar las fuentes de información, que se dé una orientación apropiada y el último sugiere que se apegue o se lleve a cabo como se tienen estipulados en los documentos que rigen la tutoría.

Con respecto a ser tutor los supervisores comentan lo siguiente:

Informante A: Si, ya fui tutora y considero que cuento con las bases necesarias para orientar.

Informante B: Si, se aprende junto con el Tutorado, te sumerge en la lectura y nuevos conocimientos.

Informante C: Si porque tengo la experiencia y el conocimiento necesario para guiar a los docentes de nuevo ingreso.

Los tres supervisores concuerdan en ser tutores por múltiples factores lo cual podría resultar benéfico al ser quienes estan más cerca de las autoridades de alto rango puedan escuchar las sugerencias que se puedan tener y realizar algunas modificaciones, así como la vasta experiencia que tienen.

Análisis de entrevista a director

Respecto a la pregunta relacionada con la definición de tutoría o si los directivos escolares saben que es la tutoría, los directores escolares que se entrevistaron respondieron lo siguiente:

Informante A: La acción de guiar asesorar al sujeto sobre alguna tarea o actividad a desempeñar.

Informante B: La tutoría es un proceso de acompañamiento que permite apoyar el desempeño en los docentes de nuevo ingreso.

Informante C: Es un sistema presencial o en línea que permite a los docentes de nuevo ingreso, fortalecer sus competencias básicas y mejorar algunos aspectos de su práctica docente.

Se puede ver que los directivos escolares saben qué es la tutoría porque sus respuestas indican una definición de acuerdo a la experiencia que han vivido y se apega a las mencionadas dentro del marco teórico.

En relación al conocimiento respecto a los documentos normativos y el cómo es que los conocen los directivos enuncian lo siguiente:

Informante A: Es la guía de tutoría, mediante vía correo por supervisión escolar.

Informante B: Si es el marco general para la organización y funcionamiento de la tutoría en educación básica, lo conozco porque tome el diplomado de tutoría.

Informante C: La ley General del Servicio Profesional Docente en su apartado de tutoría, de manera autodidacta.

Dos informantes hacen alusión al marco general para la organización de la tutoría el restante solamente se aboca a la ley general del servicio profesional docente, lo que nos lleva a inferir el poco conocimiento que tienen, siendo la cabeza principal de una institución y que de ellos depende el buen manejo.

Las respuestas respecto al proceso, requisitos y participación en el proceso de selección de tutores mencionan lo siguiente:

Informante A: Por medio de convocatoria. La selección se realiza por medio del personal de supervisión.

Informante B: Si a través de supervisión escolar.

Informante C: Se seleccionan a maestros que tengan algún historial destacado, algún curriculum o con trayectoria destacada también dentro de la institución, tal vez que tuviesen alguna maestría o algunos cursos en cuanto a docencia, no participe en la selección de tutores. La selección de tutores lo realiza servicio profesional docente de parte de la subdirección regional. Me notificaron vía oficial que tendría un docente tutor vía correo electrónico.

Los informantes conocen el procesos pero no son participes en la selección del tutor, como se puede notar todo se realiza o se informa vía correo electrónico, hacen mención a una convocatoria, pero se puede leer entre líneas que es forzosa o que es designado por el directivo o el personal de supervisión.

De acuerdo a la pregunta sobre la recepción de la documentación de los tutores y su remisión, comentan lo siguiente:

Informante A: No.

Informante B: Si recibí la documentación correspondiente a través de supervisión se realizó este proceso.

Informante C: Si, se remite a supervisión escolar y ellos lo remiten a subdirección regional, válida los expedientes con el asesor metodológico.

Las respuestas otorgadas denotan que los directores solo son los mensajeros y que ellos una vez entregada la documentación solicitada se deslindan o creen saber que supervisión escolar se encarga de dicho proceso pero en los lineamientos para la selección de tutores en el capítulo único, artículo 2 fracción V específica quién se encarga de ese comité y está incluido el director, lo que nos permite ver que no se está llevando conforme a lo estipulado con los documentos normativos.

Con relación a los tipos de incentivos que reciben los tutores los directivos de las instituciones responden de la siguiente manera:

Informante A: Si se les entrega un incentivo a los docentes que fungen como tutores

Informante B: Si se otorga solo a los tutores que fungen como docentes frente a grupo

Informante C: Parece que se les da un incentivo económico.

Los directivos tienen el conocimiento acerca de que los tutores reciben un incentivo económico pero desconocen la cantidad y cada que tiempo se les otorga, en lo que respecta a esta pregunta se les hace entrega lo equivalente a 3 horas/semanas/meses en la que atiende al tutorado, así como los requisitos que necesitaran para solicitar dicho beneficio.

Sobre la modalidad de tutoría que realizan los directivos enuncian lo siguiente:

Informante A: Presencial.

Informante B: Presencial.

Informante C: Presencial.

Los 3 informantes coinciden con la misma modalidad de la tutoría para con sus tutores, lo cual es un indicativo de que las otras dos modalidades no son tomadas en cuenta.

Con relación a la asignación de tutores los directivos argumentan lo siguiente:

Informante A: El tutor se propone a sí mismo.

Informante B: Yo solicité ser tutor.

Informante C: Se le brindó la información para ver si ella quería y a su vez aceptó.

En las 3 respuestas coinciden en que dieron a conocer la información y los tutores fueron asignados por voluntad propia, en el caso del directivo *b* el funge funciones de tutor y de director.

Los directivos conocen el grado de estudios de los tutores que tienen a su cargo:

Informante A: Licenciatura.

Informante B: Licenciatura en educación primaria y maestría en docencia.

Informante C: Maestría.

De los 3 informantes conocen que los tutores tienen el grado máximo de estudio de maestría, lo cual no es un requisito para desempeñar dichas funciones.

Sobre el conocimiento de la capacitación, tiempo, lugar, duración y temática los directivos argumentan lo siguiente:

Informante A: Desconozco si el tutor a mi cargo recibió alguna capacitación

Informante B: Yo soy tutor y concluí diplomado en línea, con una duración de 120 horas

Informante C: No participo en ninguna capacitación, únicamente se le hizo llegar una guía para el tutor.

Las 3 respuestas son completamente distintas, lo que puede llevarnos a concluir de manera muy vaga es la mala o nula comunicación que mantiene el directivo con el personal a su cargo a excepción del directivo *b* quien es tutor.

Respecto al tiempo que se le asigna a la tutoría, el horario, espacios de encuentro y quien lo determina los informantes hacen alusión a:

Informante A: 2 veces al mes, en el lugar de común acuerdo, en contra turno a excepción de la observación.

Informante B: Normalmente se realizan después de horario laboral de 6 a 7:00 de la tarde, fue un mutuo acuerdo, cada mes.

Informante C: 4 reuniones por todo el ciclo escolar, dependiendo de cómo lo negocie el tutorado y el tutor, puede ser dentro o fuera del horario escolar, se negocia con la autoridad escolar.

Las respuestas difieren de los 4 directivos a pesar de estar en la misma zona escolar y de que la información es la misma para todos, cada quien la está manejando como más le conviene o le entiende, dejando de lado lo estipulado en los documentos rectores.

Los informantes mencionan lo siguiente con respecto al plan de trabajo de la tutoría:

Informante A: Se realiza en base a las necesidades y acorde a los avances o dudas que surjan en el transcurso de la tutoría.

Informante B: Si porque yo lo elaboro de acuerdo al tipo de tutoría y de las necesidades del tutorado.

Informante C: Si, me lo dio a conocer y lo valido primero.

Un directivo lo conoce porque la tutora para poder aplicarlo, se lo mostró y lo validó, los dos restantes coinciden en que se parte de las necesidades del tutorado, así que cada quien aplica lo que considera más adecuado para cada quien.

Respecto a las temáticas de las reuniones que se tienen, los directivos mencionan:

Informante A: Es temática de planeación, evaluación, conducta y actividades.

Informante B: La que se plasma en el plan de trabajo.

Informante C: No específicamente, pero se supone que en cada una de estas reuniones debe de haber un propósito, algunos aspectos clave para observar y se le da algunas recomendaciones al docente de cómo mejorar su práctica.

A pesar de que en una de las preguntas anteriores se cuestiona acerca del conocimiento del plan de trabajo en esta pregunta se nota una contradicción ya que el informante *A* no menciona explícitamente conocer el plan de trabajo pero si conoce las temáticas de la tutoría la que nos puede llevar a la inferencia de que la respuesta fue emitida bajo la empírica, el caso del informante *b* que es tutor pues conoce las temáticas que se abordan y para el último director conoce el plan de trabajo porque lo válida pero no conoce las temáticas que se abordan en la tutoría lo que es una gran contradicción.

Las respuestas al planteamiento del manejo a una plataforma aluden que:

Informante A: Sé que de manera mensual se remiten evidencias pero de eso se encarga el tutor.

Informante B: Si es la página de seguimiento a la tutoría.

Informante C: Si, hay una plataforma de tutoría en línea.

Uno de los informantes se deslinda de la responsabilidad y conocimiento respecto a la tutoría, por otra parte los otros dos conocen que existe una plataforma específica para eso.

Los directivos evaluarían el desempeño de los tutores de la siguiente manera:

Informante A: Buena basándome en una escala evaluativa, donde se evalúan los aspectos más trascendentales para el buen desarrollo de la tutoría, lo que me hace considerarla como algo útil.

Informante B: Se realiza con base en la observación de su desempaño y a través de dos instrumentos de valoración uno con respecto a los insumos que maneja en el aula para el desarrollo de su clase y el otro con base a los niveles de desempeño que presente el docente de nuevo ingreso, lo que me hace considerar que realiza un buen desempeño como tutor.

Informante C: Por medio de las evidencias que la tutora sube a la plataforma y la observación que le hace a la tutorada. Yo la calificaría con cierto grado de avance, no con nulo, ni con el máximo o destacado, estaría en el intermedio ya que en las prácticas de observación que he tenido con la tutorada se ve el avance significativo del momento en que entro hasta el momento actual.

Cada uno evalúa a su manera y cada una de ellas es subjetiva ya que no hay un formato establecido para la evaluación de dicho proceso y tampoco es algo que se pueda unificar ya que al igual que los alumnos cada docente avanza conforme a sus necesidades y contexto.

Con base al seguimiento que realizan los directivos se puede ver:

Informante A: Se lleva un seguimiento únicamente con el progreso del tutorado

Informante B: Si a través de un registro de evidencias personalizado.

Informante C: Si, únicamente los reportes que me entrega la tutora ese es el seguimiento que se les lleva, si de hecho ellos primero lo conocen ambos y después me lo remiten a mí para yo remitirlo a su vez remitirlo a su vez a supervisión escolar.

De igual manera cada directivo realiza un trabajo distinto acorde a las necesidades y a como vayan surgiendo las cuestiones y algunas de las maneras de dar seguimiento a los tutores si es funcional y viene como una propuesta para el seguimiento de la tutoría.

Los directivos justifican la remisión de información y documentación respecto al desempeño de la tutoría, así como la frecuencia y el medio de la siguiente forma:

Informante A: Se remite de manera mensual vía correo electrónico sobre los avances, así como algunas de las actividades realizadas por tutor y tutorado.

Informante B: Si la que se sube a plataforma y se imprime como reporte de evidencias a través de la plataforma.

Informante C: Las evidencias de la observación o de las reuniones que tienen el tutor y la tutorada, cada mes, por medio electrónico vía correo oficial.

En este caso comentan la periodicidad con la que se remite información, en los documentos que se mencionan en el marco teórico ese remisión de evidencias se debe de realizar cada semana a través de una plataforma.

El conocimiento que los informantes tienen respecto a una evaluación en plataforma sobre la tutoría manifiestan:

Informante A: Desconozco si se realiza una evaluación en plataforma al final del ciclo escolar.

Informante B: Si siempre.

Informante C: Como soy director de nuevo ingreso, esta tutora y tutorada son las primeras a mi cargo, tendría que esperar yo a finalizar el ciclo escolar para saber si tengo yo que valorar al final del ciclo en la plataforma el desempeño de la tutora y la tutorada.

Uno de los informantes comenta que si siempre por lo que se infiere que realiza la evaluación cada semana, otro menciona que desconoce ese proceso y el último menciona que es director de nuevo ingreso lo que es un indicativo nuevamente de que la información es para todos pero cada uno lo aplica como lo entiende.

Los informantes enuncian los comentarios respecto al desempeño del tutor:

Informante A: Se ve un avance con la tutorada lo que es un indicativo del buen desempeño que está teniendo.

Informante B: Es importante porque el docente de nuevo ingreso tiene la oportunidad de mejorar su práctica en el grupo, además de que le permite tomar la experiencia de docentes o directivos que pueden orientar su desempeño lo cual me parece más enriquecedor.

Informante C: Las actividades y el desempeño de la tutorada y de la tutora, hasta ahora han sido buenos, sin en cambio considero que las actividades que se debieran realizar, pudieran ser más frecuentes y desde mi punto de vista lo ideal sería que cada docente de nuevo ingreso ya trajera estas competencias profesionales ya que por la carga horaria que tenemos es un tanto difícil para el tutor estar monitoreándolo y darle el seguimiento como se debe.

Consideran que sus tutorados han tenido un avance significativo y de manera paulatina, lo que también nos permite cuestionar la confiabilidad de dichas palabras ya que el trabajo de los directivos es exhaustivo y en muchas ocasiones impide que estos ingresen al aula para valorar el trabajo del docente.

El desempeño de la tutorada es vista por los directivos como:

Informante A: Una personas que le interesa aprender de los tutores con mayor experiencia, se ve que pone en práctica las sugerencias que se le dan y es una persona muy abierta a los comentarios que mejoran su desempeño.

Informante B: Es un poco abrumante para los de nuevo ingreso ya que tienen que verse inmersos al trabajo de una manera más directa sin el apoyo de un docente y de unas horas.

Informante C: Considero que ha mejorado su desempeño desde que ingreso hasta este momento y es una persona que está abierta a las sugerencias.

Los directivos se muestran conformes con los avances que ven de los tutorados, así como su disposición y buena actitud para con la tutoría, así mismo con los tutores que fueron asignados para ellos.

Respecto al conocimiento de los avances y su respectiva evaluación explican:

Informante A: Los avances de manera subjetiva se pueden medir con una rúbrica o lista de cotejo pero en realidad no engloba todo lo que se percibe dentro del aula con los alumnos, los mejores jueces para realizar esa valoración son los alumnos y padres de familia.

Informante B: Si siempre, con el seguimiento del plan de trabajo establecido y el cronograma de actividades.

Informante C: Yo veo los avances por los informes que la tutora me remite y considero que son buenos.

Los directivos refieren las formas de evaluar y darse cuenta de medir los avances, y hablan sobre apegarse al plan de trabajo previamente establecido, así como los informes que se remiten de manera continua, pero se cae en lo mismo esto es muy subjetivo ya que cada plan de trabajo fue elaborado conforme a las necesidades específicas.

La evaluación a la tutoría es concebida por los informantes como:

Informante A: Es una propuesta buena, pero mal organizada y planteada.

Informante B: Excelente proyecto, porque todos aprendemos.

Informante C: Es buena pero le falta considerar bastantes aspectos y uno de ellos es la carga administrativa.

Los entrevistados tienen puntos de vista distintos y va a depender mucho de la cuestión de la carga administrativa que tenga cada uno de ellos así como el avance que cada uno perciba, otro punto con el que estoy muy de acuerdo es la organización porque a pesar de ser directivos de la misma zona escolar, cada uno planteo y respondió de muy diversas formas, si esto es así a nivel zona, a nivel estatal o federación cada quien lo organiza como lo entiende o como así lo requiere y no hay una unificación.

Los directivos expresan su opinión acerca de si consideran la tutoría benéfica:

Informante A: Eso va a depender del tutor ya que es el quien juega un papel como guía del tutorado.

Informante B: Si porque es importante guiar el trabajo de los docentes de nuevo ingreso.

Informante C: A mi parecer debería ser más enriquecedora ya que las actividades que suben mes a mes no dan cuenta al 100% de los avances y el desarrollo de competencias del tutorado, entonces yo creo que si puede mejorar, tiene muchos aspectos que mejorar este proceso de tutoría.

Consideran que es benéfica en muchos sentidos, pero de igual manera tiene muchas áreas de oportunidad, una de ellas es la disposición que los docentes realmente tengan para fungir esta función y no como una obligación o imposición por parte del directivo.

Los directivos enuncian los siguientes cambios respecto a la tutoría:

Informante A: La propuesta en general es buena solo que falta darle un mayor seguimiento y profundidad.

Informante B: Los reportes en la plataforma.

Informante C: Directamente tutoría se estableciera un horario fijo para hacer la observación o la reunión con la tutora y que se pudiesen subir más de una evidencia al mes para que diera cuenta bien del trabajo que se está realizando.

Cada uno de los informantes externa su punto de vista acorde a sus necesidades lo cual es muy enriquecedor ya que cada uno aporta algo nuevo o algo que otra persona no habían pensado, yo también estaría de acuerdo en que se generalizará el horario y días de atención, pero para eso habría que establecer que los tutores fueran de la misma escuela, cosa que no se ha realizado como lo estipulan los documentos, los reportes y las formas de evaluar el avance ya que como dice un directivo un simple reporte o una sola visita no da cuenta del verdadero avance y se pudiese pensar que entrara en juego la evaluación de los alumnos y padres de familia sobre el desempeño del tutor.

Los directivos expresan su consideración a fungir como tutores:

Informante A: Sí, pues es importante el poder intercambiar experiencias de desempeño docente

Informante B: Si porque es importante compartir la experiencia.

Informante C: Si sería tutor ya que creo que la experiencia que tengo podría servir a los tutorados para fortalecer más sus competencias.

Considero que todos tienen la mejor disposición para hacerlo, pero no el tiempo para ejecutarlo, lo ideal sería que en efecto el director fuera tutor, porque por algo está en el puesto en el que esta y que mejor que el directivo para fungir como tutor por la experiencia y el vasto conocimiento que tiene sobre la institución y el contexto de la institución.

Análisis de entrevista a tutor

Referente al cuestionamiento sobre el significado de la tutoría hacen referencia a:

Informante A: Es un acompañamiento que orienta a una persona (maestro o alumno) a realizar sus trabajos de la mejor manera definiendo fortaleza y áreas de oportunidad.

Informante B: Es la ayuda y orientación que se le brinda al profesor principiante, tanto en el currículo como en la gestión de clase.

Informante C: Es el proceso de acompañamiento y guía que se le brinda a los docentes de nuevo ingreso.

Los tutores aciertan en algunos términos que refiere la Coordinación Nacional para definir a la tutoría, lo que nos indica que saben la implicación y responsabilidad que tienen al ser tutores.

Sobre los documentos normativos de la tutoría aluden a:

Informante A: No, supongo que debe de haber algún marco normativo pero no lo conozco

Informante B: Ley General del Ser Constitución Política de los Estados Unidos Mexicanos.

- Artículo 3°. "El Estado garantizará la calidad en la educación obligatoria de manera que los materiales y métodos educativos, la organización escolar, la infraestructura educativa y la idoneidad de los docentes y los directivos garanticen el máximo logro de los aprendizajes de los educandos".

Ley General de Educación.

- Artículo 3°. "El Estado está obligado a prestar servicios educativos de calidad que garanticen el máximo logro de aprendizajes de los educandos".

Ley General del Servicio Profesional Docente.

- Artículo 21. "El Ingreso al Servicio en la Educación Básica […], se llevará a cabo mediante concursos de oposición, preferentemente anuales, que garanticen la idoneidad de los conocimientos y capacidades necesarias".
- Artículo 22. "Con el objeto de fortalecer las capacidades, conocimientos y competencias del Personal Docente de nuevo Ingreso, durante un periodo de dos años tendrá el acompañamiento de un Tutor designado por la Autoridad Educativa".
- Artículo 22. "Al término del periodo señalado en el segundo párrafo de este artículo (dos años), la Autoridad Educativa evaluará el desempeño del Personal Docente para determinar si en la práctica favorece el aprendizaje de los alumnos y, en general, si cumple con las exigencias propias de la función docente".

Ley General del Servicio Profesional Docente.

- Artículo 47. "En la Educación Básica los movimientos laterales deben basarse en procesos de evaluación que se realizarán con base en los lineamientos que el Instituto Nacional para la Evaluación de la Educación expida".

Informante C: La ley General de Educación y la emitida por Servicio Profesional Docente.

La mayoría de los tutores nombran los documentos normativos bajo los que se rigen los maestros en servicio, pero ninguno de ellos hace mención de los manuales que se analizaron en el presente trabajo.

En cuanto a los requisitos para realizar la función de la tutoría exponen que;

Informante A: Sí, me los proporcionó el directivo al iniciar la tutoría

Informante B: Sí. Están dentro de los lineamientos para ser tutor

Informante C: Si, debe de ser maestra reconocida a nivel comunidad, tener un historial limpio y cierto tiempo laborando.

Respecto a los requisitos para ser tutores conocen solo los básicos lo que nos indica que no han leído o no se les dio a conocer los lineamientos para la selección de tutores, en el cual se enlistan los requisitos para desempeñar dicha función.

La respuesta al cuestionamiento acerca de la selección para ser tutor responden:

Informante A: Designación por parte del director

Informante B: El estipulado en los lineamientos para la selección de tutores.

Informante C: Vía supervisión, me notificaron de la función que desempeñaría.

El igual que en la pregunta anterior se nota el desconocimiento, además de la selección no se llevó a cabo como lo estipulan los manuales ya que un informante contesta que fue designada por el directivo, así como la desinformación o mala interpretación de la información.

Los tutores responden acerca de la capacitación, duración, temática y modalidad de la siguiente manera.

Informante A: Si un curso en línea de 40 horas con temática de la tutoría que es y para quien va dirigida.

Informante B: No de ningún tipo

Informante C: De ningún tipo.

A pesar de que en la teoría el ideal de que los tutores estén capacitados, la realidad es distinta ya que al parecer cada quien maneja información distinta.

La vía de comunicación que utilizaron para notificar, asignar o elegir acerca de la función tutora alude a:

Informante A: Fui designada

Informante B: Vía correo electrónico, mi directivo me mando como propuesta

Informante C: Vía correo electrónico oficial.

La manera en que se da a conocer la información es vía correo electrónico, lo que nos lleva a inferir que no se tiene una reunión previa con otros tutores o con los mismos tutorados, lo cual viene estipulado en los manuales.

El número de tutorados que tiene los tutores, así como el tiempo, frecuencia de reuniones y temáticas corresponden a:

Informante A: Tengo un tutorado. 1 vez al mes. Hasta el momento 6 y se abordó el diagnóstico, planeación, experiencias, liderazgo y la evaluación.

Informante B: 1 tutorado 2 veces al mes por la distancia, ya que ella trabaja en Ixtlahuaca y yo en el Oro aparte de que viaja a Toluca de manera diaria

Informante C: 1 tutorado, se le asigna sus 3 visitas estipuladas y una que otra para retroalimentación.

Parece algo reiterativo pero la tutoría no se está llevando acabo ya que si nos remitimos a los manuales ellos nos indican que se debe de designar al menos 3 horas a la semana con los tutorados, lo que no sucede en esta ocasión.

La realización de la tutoría la dan de la siguiente manera:

Informante A: A través de una rúbrica, retroalimentación y de sugerencias.

Informante B: Mediante un plan de trabajo, realizar al menos tres observaciones de clase del Tutorado, con base a un calendario, reuniones con el tutorado

Informante C: Con la observación, recomendaciones y sugerencias en cuanto a lo observado y dudas que la tutorada pueda manifestar. Son poco frecuentes, ya que el cargo de directivo absorbe mucho tiempo.

Cada tutor realiza lo que cree más conveniente para su tutorado y no está mal ya que si se percibe de otra forma es lo que nosotros debemos de realizar con los alumnos, pero también hay ciertas cosas de los manuales que pueden ser ajustadas o modificadas, ya que cada quien aplica y lleva a cabo la tutoría como lo considera correcto.

Los informantes comentan lo siguiente respecto al uso de alguna plataforma para la remisión de evidencia, así como las temáticas que abordan:

Informante A: Las temáticas abordadas en las sesiones básicamente son el diagnóstico, planeación, evaluación, experiencias, liderazgo y la observación

Informante B: No, las temáticas son la planeación, observaciones en cuanto al trazo de la letra, conducta de los alumnos, contenidos del plan y programas que vaya a abordar por esos días, dándole sugerencias de aplicación

Informante C: Desconozco el uso de una plataforma.

Se ahonda nuevamente en la desinformación ya que cada zona escolar lo maneja de manera distinta, cuando se supone que la información es de manera general.

Los elementos que los tutores solicitan a sus tutorados constan de:

Informante A: Le solicito el diagnóstico del grupo, planeación y la forma en la que va a evaluar.

Informante B: En la observación de clase su planeación, instrumentos de evaluación y problemáticas especificas con padres, docentes o alumnos de su institución.

Informante C: Planeación y sus herramientas de evaluación.

Estos son solo algunos de los elementos pero falta las actividades que se deben de realizar en relación los prioridades de la educación básica, las necesidades de los educandos, así como las actividades que van a realizar con los tutorados.

La respuesta al cuestionamiento sobre cómo evalúan a sus tutorados alude a:

Informante A: Por medio de rúbricas basadas en la observación

Informante B: En las observaciones de clase solo se retroalimenta lo observado, y fortalecer la autorreflexión y mejorar sus prácticas de enseñanza.

Informante C: Lo evaluó conforme a lo observado, se hacen algunas anotaciones en el transcurso de la clase a observar y posteriormente se le hacen de su conocimiento.

La rúbrica es una forma de evaluar pero hay muchos más elementos que nos permiten medir los avances y algunos de ellos se sugieren en los manuales.

Los tutores cometan acerca de cómo es la relación con sus tutorados:

Informante A: Cordial y de respeto a su trabajo

Informante B: De respeto, apoyo y colaboración para mejorar su trabajo.

Informante C: Es una relación muy cordial y de compromiso.

Todos los informantes coinciden en que la relación es buena pero puede ser a causa y como ya lo mencionaron anteriormente por el número de visitas, lo que permite que la concepción de la relación sea vista de esa forma.

Los informantes refieren su punto de vista respecto a la tutoría cómo:

Informante A: Es buena, solamente que debe de ser más formal, con cursos tanto para tutores como para tutorados y que se evite la carga administrativa

Informante B: Me parece un acierto siempre y cuando se establezca un clima de confianza que permita a los Tutorados sentirse acompañados y con miras siempre de mejorar su práctica docente. Además que permite un crecimiento vertical en los involucrados.

Informante C: Considero que es buena propuesta ya que ayuda a los docentes de nuevo ingreso a ir conociendo un poco más a profundidad el sistema educativo en el que se encuentra inmerso y así su ingreso no se le dificulta.

Los tutorados consideran que la tutoría es buena, pero cada uno tiene un punto de vista dependiendo de cómo fue su desempeño a lo largo del acompañamiento.

La respuesta acerca de si los tutores continuarían fungiendo como tutores es:

Informante A: Si, me gusta compartir mi experiencia a las maestras que inician.

Informante B: Sí, porque es una buena oportunidad para el docente principiante y el docente experimenta do ambos crecen en su labor docente

Informante C: En lo que a mí respecta sí, pero consideraría el disminuir la carga administrativa.

Se habla de la carga administrativa la cual si bien es cierto, si está presente de manera constante, pero pudiera ser una buena oportunidad para brindar ese apoyo y acompañamiento a los docentes de nuevo ingreso, en el caso del informante *c* que hace referencia a la carga administrativa es porque desempeña un rol de directivo.

La motivación que tienen los tutores acerca de su función es enunciada:

Informante A: El ayudar a mis compañeros

Informante B: La chispa que trae la juventud con la unión de la experiencia siento que es algo que de un buen resultado en el aula. Siempre que se establezca ese clima de confianza que permita mejorar las áreas de oportunidad.

Informante C: Me motiva el ser tutor de alguien por el hecho de poder transmitir mi conocimiento

Los entrevistados consideran que los motiva el poder transmitir conocimiento lo que da una buena impresión ya que denotan que son solidarios y compartidos con los demás.

Los tutores realizan una evaluación acerca de su desempeño la cual es concebida:

Informante A: Buena, pero me faltan cursos que realmente sean efectivos.

Informante B: En general buena, hay áreas de oportunidad que se han mejorado a lo largo de lo tutoría y que aún falta mucho por hacer.

Informante C: Considero que fue el adecuado tomando en cuenta el cargo que ejerzo dentro de una institución.

Consideran que puede mejorar, lo cual es algo a favor ya que como docentes siempre se debe de estar aprendiendo.

Los informantes refieren en lo que se basaron para realizar su plan de trabajo:

Informante A: En los lineamientos que mando supervisión

Informante B: En un diagnóstico inicial de necesidades del tutorado, de ahí se delimito todo el plan de trabajo.

Informante C: Me base en las necesidades y en la experiencia de tener un docente de nuevo ingreso y ver las cuestiones que se le complicaban.

En este cuestionamiento cada tutor se basó en su conocimiento empírico, lo que nos lleva a cuestionar la efectividad de la comunicación de los superiores jerárquicos, asi como su conocimiento.

Las respuestas expuestas al cuestionamiento acerca de si consideran o no benéfica la tutoría:

Informante A: Si, pero con tiempo suficiente y que sea especifica sin tanta carga administrativa

Informante B: Si ya que es un espacio donde se puede crecer de manera profesional y renovarse con las ideas de la juventud

Informante C: Si porque ayuda y hace sentir a los docentes de nuevo ingreso un acompañamiento y su inserción al magisterio es más rápida y eficaz.

Los 3 coinciden en que es benéfica la tutoría porque permite ayudar a los docentes de nuevo ingreso los cuales podrán traer experiencia en prácticas, pero esa experiencia es poco cuando ya se enfrentan al mundo laboral cotidiano.

Los tutores cambiarían los siguientes aspectos referentes a la tutoría.

Informante A: Que los tutores estuviéramos capacitados y que el año que tuvieron tutorados no tuvieran grupo.

Informante B: De manera muy personal cambiaría la asignación de tutorado en cuanto al mismo lugar, municipio o zona, ya que en ambos casos cada zona o región trabaja de manera distinta, lo cuál puede ser benéfico por el aprendizaje nuevo, pero a la vez perjudicial por el contexto y maneras de trabajo.

Informante C: La manera en como informan las diversas situaciones y el hecho de que la tutorada o en mi caso yo como tutora el lugar de la institución ya que si consideramos el contexto de cada una de nosotras es muy distinto aunque se pertenezca a la zona escolar y el trabajo es de distinta forma, lo que en algunas ocasiones puede causar confusión dentro de los docentes.

Los entrevistados realizarían distintas modificaciones, lo cual podría considerarse como una propuesta para la mejora de este programa de inserción de docentes al sistema educativo nacional.

Análisis de entrevista a Tutorado

Respecto a la pregunta relacionada con la definición de tutoría o si los tutorados saben que es la tutoría, los tutorados que se entrevistaron respondieron lo siguiente:

Informante A: Es el proceso en donde un docente con varios años en el servicio da asesoramiento a docentes de nuevo ingreso dentro de sistema educativo

Informante B: La idea principal de la tutoría es orientar y aconsejar sobre las funciones que se realizan dentro de una institución, a fin de desempeñar un trabajo óptimo y eficiente.

Informante C: Acompañamiento dirigido a los docentes en formación.

Se puede notar que los tutorados tienen nociones de lo que es la tutoría y cabe resaltar que se nota un cierto desconocimiento científico del verdadero significado que se le otorga a la tutoría, así como su finalidad.

Con relación a la pregunta sobre los documentos normativos que rigen la tutoría, los tutorados entrevistados comentan lo siguiente:

Informante A: No porque al ser tutorado me he enfocado al desarrollo de las actividades y asesoramiento de mi tutor

Informante B: Si, ley general de servicio profesional docente, función y desempeño de los servidores públicos, plan de estudios 2011, programa de estudios y guía para el docente 2011. Aprendizajes clave. Programa nacional de convivencia escolar.

Informante C: So los conozco.

Los tutorados tienen desconocimiento sobre los documentos normativos lo que es un indicativo de que la tutoría no se está llevando a cabo con lo estipulado en los documentos normativos expedidos por la SEP (Secretario de Educación Pública) y la Coordinación Nacional del Servicio Profesional Docente, se puede notar que solo uno de los entrevistados menciona la ley general del servicio profesional docente, uno de los entrevistados ni si quiera conoce o ha leído la Ley General del

Servicio Profesional Docente en donde el artículo 22 dictamina que se le asignará un tutor, por otro lado otro de los informantes menciona que los documentos normativos que rigen la tutoría no es algo que le competa o que le afecte en su quehacer docente, lo cual se puede considerar como algo negativo ya que desconoce sus derechos y obligaciones, en los tres casos el desconocimiento no es algo que los deslinde de sus responsabilidades ni de que queden exentos.

En relación al conocimiento que tienen sobre los requisitos para la selección de tutores mencionan lo siguiente:

Informante A: No

Informante B: Debe ser un docente con un mínimo de 5 años en función, desempeñando el cargo o función del tutorado que se pretende. Tener el reconocimiento por parte de su autoridad inmediata como un docente con buen desempeño en sus funciones y con actitud de colaboración.

Informante C: Solo sé que es para profesores de base, con años de servicio, lo demás no.

Las repuestas a esta pregunta denotan que los tutorados carecen de información y de todo fundamento legal, sobre cómo se lleva a cabo el proceso de selección, así como los requisitos para que un docente pueda ser tutor, se puede notar que los tutorados desconocen la información pudiera ser por la falta de información o de comunicación con su tutor y directivo, solo uno de los entrevistados tiene una idea vaga e incompleta sobre los requisitos para la selección de tutores.

Las respuestas de los entrevistados con relación a la asignación del tutor son las siguientes:

Informante A: Lo desconozco

Informante B: Fue asignada por mérito de desempeño en razón de sus directivos y de la supervisión.

Informante C: Lo realizó el anterior director, yo lo desconozco.

Se puede concluir por la información expresada por los tutorados, que desconocen los documentos normativos, así como los lineamientos para la selección de tutorados, algo que podría afectar es la llegada de directivos prelados o de los mismos docentes a la institución. Los tutorados al desconocer la formación y los requisitos de los tutores dan un panorama de la nula información que se comparte en las asesorías. Se podría decir que los tutores podrían estar en manos de una persona con poca ética profesional o viceversa, lo anterior es un indicativo de que el proceso de selección no se realizó acorde a lo estipulado en la documentación anteriormente mencionada.

Con respecto al conocimiento sobre si su tutor obtuvo o no capacitación para desempeñar la función tutora, así como la temática, la duración y la modalidad los tutorados respondieron lo siguiente:

Informante A: Desconozco si mi tutora recibió capacitación, así como el tiempo, la temática y la modalidad.

Informante B: Solo sé que recibió o recibe la capacitación

Informante C: Si la recibió pero desconozco cuál, cómo y qué tipo recibió.

De manera general se podría concluir que hay desinformación, falta de comunicación o muy probablemente en el primer encuentro entre tutor y tutorado no abordaron esos temas y se concentraron únicamente en abordar los temas de trabajo y en lo solicitado para cumplir con un requisito solicitado por imposición o por azar, solo dos tutorados tienen conocimiento sobre la capacitación de su tutor, pero a medias ya que desconocen la temática de la capacitación que reciben.

En cuanto a la notificación sobre la tutora y si pertenecer a la misma zona escolar o institución, los entrevistados mencionan lo siguiente:

Informante A: Por correo electrónico y pertenece a la misma escuela

Informante B: Me informaron por parte de la supervisión, y la maestra pertenece a la zona escolar, en diferente escuela.

Informante C: Ya llevan un año trabajando, al día que llegué.

Se puede notar que se cumple lo estipulado en los dos casos ya que pertenecen a la misma zona escolar o la misma institución lo cual es benéfico tanto para el tutor como para el tutorado, ya que así evitan gastos extras, cualquier duda puede ser resuelta y expuesta en el momento, además del vasto conocimiento de la comunidad escolar por parte del tutor.

En relación a cuantos tutorados tiene su tutor (a) y las horas que disponen para reunirse mencionan lo siguiente:

Informante A: Tiene a dos más y yo, nos atiende una hora a la semana

Informante B: Somos 2, y regularmente nos cita a ambos, por un lapso de una hora en promedio cada mes.

Informante C: Tiene uno y dispone de dos días a la semana.

La información proporcionada nos da un panorama de las horas a la semana que se trabaja en la tutoría, cuando en los documentos expedidos o lo solicitado de manera legal indica que sean 3 horas a la semana, en el caso del informante b, su situación es diferente ya que el acompañamiento se da de manera mensual y solo una hora, se podría decir que en el caso del tutor que los atiende de manera mensual carece de tiempo y solo tiene dos tutorados.

Sobre la realización de la tutoría, los tutorados aluden a lo siguiente:

Informante A: De manera presencial.

Informante B: De manera presencial y es muy organizada, ya que previamente nos envía la información a analizar y esto hace eficiente el tiempo.

Informante C: De manera presencial y se lleva un asesoramiento teórico y acompañamiento práctico.

La respuesta a la pregunta planteada es un indicativo de que la modalidad presencial es la más usada e nivel zona escolar.

Sobre la frecuencia de las reuniones, las temáticas, la retroalimentación, los indicadores de una rúbrica los tutorados hacen alusión a:

Informante A: Nos reunimos de manera frecuente, las temáticas a abordar es la estructura de planificación, los elementos concordancia de la misma e instrumentos de evaluación. En cuanto a la retroalimentación me sugiere algunos puntos de refuerzo para mejorar mi intervención. Me dio a conocer la rúbrica así como los indicadores de la misma.

Informante B: Regularmente nos cita cada mes, y principalmente hemos abordado las dificultades que como docente que expuse en el diagnóstico que me realizó, conozco la rúbrica y consideraba los elementos importantes en un plan de trabajo y de clase.

Informante C: Me ha compartido algunos temas y rúbricas aplicadas.

La información proporcionada arroja una vez más que las tutorías que se realizan no tienen algún sustento ya que lo que se va realizando es en base al conocimiento empírico de quien las imparte, para realizar el plan de trabajo y las temáticas abordadas deberían remitirse al apartado de los aspectos a considerar en el plan de trabajo, donde se enuncian solo algunas ideas para retomar y adecuar basadas en las necesidades de la institución y más en específico del tutorado.

Al indagar sobre el número de reuniones y temáticas abordadas entre tutor y tutorado, los tutorados refieren lo siguiente:

Informante A: 12 Diseño de secuencias de aprendizaje, estructuración de proyectos de evaluación, funcionalidad de planificación con instrumentos de evaluación

Informante B: Hemos tenido una cada mes y no solamente hemos abordado la temática definida, sino que hemos compartido materiales para enriquecer nuestra práctica.

Informante C: Dos al día de hoy, planificación e instrumentos de evaluación.

Las temáticas mencionadas por parte de los tutorados y que son parte de su plan de trabajo incluyen solo algunas de las que se plantear, donde lamentablemente se le sigue dando más peso a lo administrativo que a lo humanístico, a la inclusión, a aconsejar al tutorado para que sepa solucionar un conflicto con algún padre de familia, etc. Esto no debe estar peleado con la improvisación ya que en el caso de los tutorados que si son vistos de manera semanal tienen mayor oportunidad de crecimiento y de despejar las dudas que le aquejan.

Las respuestas de los tutorados al cuestionamiento para conocer el sustento del tutor para realizar el plan de trabajo son las siguientes:

Informante A: En la observación de clase en la planificación y funcionalidad del diseño de proyectos de evaluación.

Informante B: En un diagnóstico de las necesidades que ella observo y otras que yo mismo expuse para fortalecer.

Informante C: En las necesidades que presentó el compañero en su primer año.

Se ratifica nuevamente que la tutoría probablemente se esté implementando como un requisito que se deba de cumplir, lo cual está haciendo que se pierda la esencia y el objetivo del mismo. El diálogo está bien pero nuevamente solo se enclaustran en un solo tema la práctica docente y no toman en cuenta a los educandos, leyes, inclusión, todo lo que es inherente a nuestro cargo. En este caso tampoco se hace mención de la normatividad a la que están sujetos por prestar un servicio público, así como tampoco se habla de un plan de intervención para las 4 prioridades de ka educación básica.

Acerca del cuestionamiento sobre el uso de una plataforma para remitir evidencias y la temática de la misma comentan lo siguiente:

Informante A: La tutora si maneja una plataforma, donde se sube y envía el plan de trabajo así como las evidencias y retroalimentación que se realiza, las temáticas abordadas son la planificación, la intervención dentro del aula, la función de la planeación y el proyecto de evaluación.

Informante B: Al parecer es a través de correo electrónico, pues no tengo el dato de una plataforma, aunque si hemos resuelto encuestas en la plataforma VENUS.

Informante C: Estoy informado de las fechas en que se suben evidencias pero no conozco la plataforma.

Los tutores tienen poca comunicación con los tutorados y los tutorados tienen muy poca curiosidad acerca del trabajo que deben de realizar con ellos. Solo uno de los informantes tiene noción del uso de una plataforma para remitir evidencias, el resolver encuestas es algo que no viene marcado en la documentación expedida de manera formal por las autoridades jerárquicas competentes.

Los tutorados entrevistados refieren que los elementos que les solicita su tutor son:

Informante A: Planificación, proyectos de intervención y el proyecto de evaluación

Informante B: Plan de clase, las adecuaciones, el desarrollo de actividades, y los avances de los alumnos considerados con mayor necesidad.

Informante C: Planificación, instrumentos de evaluación y ruta de mejora.

Como se puede analizar en los elementos solicitados solo uno de los informantes hace referencia a la inclusión de actividades a alumnos con Necesidades Educativas Especiales (NEE).

En cuanto a la relación que el tutorado mantiene con su tutor mencionan lo siguiente:

Informante A: Buena.

Informante B: muy buena, muy clara, eficiente en todos los sentidos.

Informante C: Cordialidad y apoyo, además de un acompañamiento constante.

En el caso de la relación que mantiene el tutor con el tutorado en un solo caso y por el tipo de respuesta otorgada se podría deducir que la relación no es buena o que solo se limita al plano profesional, sin tomar en cuenta las opiniones o necesidades del tutorado, en el caso de los otros dos informantes se aprecia en las respuestas que estan contentos con el tutor, que realmente han sentido el apoyo del tutorado, que son personas en las que pueden confiar para despejar sus dudas y que hay un clima de respeto mutuo.

Los tutorados evaluarían a sus tutorados de la siguiente manera:

Informante A: De manera favorable en su desempeño.

Informante B: es una excelente maestra, muy dedicada y buena compañera.

Informante C: Con sus evidencias de retroalimentación.

En la evaluación a las personas que los estan acompañando en su proceso de ingreso al centro de trabajo o a la labor docente dos de ellos las evaluarían de manera tajante solo resaltando su trabajo y desempeño como guía, por otro lado un informante si ve a su tutora como una compañera que le brinda apoyo y que se nota que hay la confianza suficiente, una relación armoniosa y de aprecio.

El punto de vista de los tutorados respecto a la tutoría se enuncia de la siguiente forma:

Informante A: Es una herramienta que permite conocer al docente de nuevo ingreso sus áreas de oportunidad.

Informante B: Me parece en todos los sentidos muy enriquecedor.

Informante C: Es necesaria pero falta organización.

Cabe destacar que uno de los tutorados si enuncia casi de manera textual uno de los propósitos de la tutoría. Y dos de los informantes lo ven como una oportunidad de crecimiento y algo funcional. Al contrario del informante que considera que requiere de mayor organización y sistematización.

Al cuestionar a los tutorados sobre la opción de continuar con su tutor aluden a lo siguiente:

Informante A: Si por la retroalimentación que considero es mejor cuando se realiza de manera presencial.

Informante B: Si claro, excelente compañera.

Informante C: Es muy responsable del papel que desempeña.

Los tutorados se muestran conformes con el tutor asignado lo que los lleva a considerarlos nuevamente como parte de su formación inicial y crucial en el largo trayecto de la docencia.

Los tutorados evaluarían el desempeño de su tutor de la siguiente manera:

Informante A: De un buen desempeño.

Informante B: claro, preciso, bueno.

Informante C: Les faltan espacios y tiempos.

Como se aprecia en las respuestas los tutorados están conformes con el desempeño de su tutor, otro tutorado considera que al suyo le falto espacio y tiempo por la cuestión del trabajo administrativo, indisposición quizás por parte de alguno de los involucrados o por el hecho de que el tutor se encontraba como sujeto de evaluación.

Las respuestas de los tutorados al cuestionamiento para conocer si consideran benéfica o no la tutoría, responde lo siguiente:

Informante A: Si para aclarar dudas ayuda a fortalecer los perfiles docentes.

Informante B: Si, puesto que además de enriquecer nuestra práctica, nos hace reflexionar sobre lo que podemos mejorar dia a dia.

Informante C: Los compañeros lo necesitan, pero es complicado cuando también responden a las exigencias que el propio trabajo indica.

Los tutorados reconocen la labor ardua que realizan los tutorados para con ellos y reconocen la importancia en su formación como docente en servicio, pero también son conscientes del exceso de trabajo por el que atraviesan los docentes, por lo que se pudiera sugerir un tiempo sin carga administrativa para desempeñar su función como es correspondido.

Al cuestionar a los tutorados para indagar si realizarían cambios, comentan lo siguiente:

Informante A: Nada.

Informante B: Los tiempos para vernos, pues en ocasiones se me complica asistir en el horario solicitado.

Informante C: Realizarla en etapas que comiencen en el período vacacional.

Considero adecuada la respuesta del infórmate C pero sería aplicada para los docentes que van por la evaluación del desempeño ya que hay docentes prelados a los que se les asigna la plaza a mediados de septiembre o un poco más tardía, pero pudiera ser funcional o considerado como un requisito para aquellos que presentaron examen de ingreso para el servicio y nuevamente se retoma el tema del tiempo que se le invierte en el apoyo y acompañamiento.

4.2. Propuesta

Al concluir la investigación y documentación, basada en la teoría y las entrevistas realizadas y analizadas, se presentan a continuación una serie de propuestas.

- Mayor involucramiento de los supervisores y directivo se propone que asistan a las reuniones y que de manera conjunta se elabore un plan de trabajo de manera general y con algunos aspectos similares, que participen, asistan a las observaciones de clases y que también aporten o den algunas sugerencias que permitan al tutorado crecer de manera profesional.
- Tutores de la misma zona escolar se sugiere que los docentes tanto como tutores y tutorados sean de la misma zona escolar y de manera preferente de la misma escuela ya que esto permite dar una mayor orientación del

trabajo a los docentes de nuevo ingreso y permite que se vean algunas cuestiones de manera inmediata.
- Monitoreo constante y visitas de acompañamiento de autoridades educativas jerárquicas (director, supervisor, subdirección regional y personas más arriba) a las tutorías, una asistencia continua, así como la elaboración de un informe de manera conjunta que dé cuenta del avance que se tiene en la inserción del tutorado en el campo laboral y en la institución.
- Entrevistar y realizar un consenso con los actores involucrados en la tutoría, de manera más específica con los tutorados, para conocer sus dudas se sugiere que en la reunión inicial estén presentes el supervisor, los directivos escolares, los tutores y tutorados, en donde se dé la oportunidad a los de noveles de expresar alguna inquietud e inconformidad para partir de ahí en la elaboración de un plan de trabajo.
- Armar un plan de trabajo entre tutorado, tutor, director y supervisor, a partir de la reunión inicial y de la primera observación de clase se elabore el plan de tutoría basados en las dudas y en lo transcurrido.
- Reuniones constantes para medir avances de manera ideal una vez al mes en contra turno para evitar interferir con normalidad mínima, estas permitirán poner en balance lo que se ha logrado en el transcurso, así como hacer adecuaciones o modificaciones.

4.3. Conclusiones

Dentro de la presente investigación se realiza una investigación de caso, donde se plasman las incongruencias que rodean al sistema educativo mexicano.

Basándose en los documentos manual para el Tutor del Docente y del Técnico Docente de nuevo ingreso. Educación Básica (2015), donde se pretende realizar un acompañamiento en la planeación didáctica, la inclusión con alumnos con necesidades educativas especiales, ambientes de aprendizaje, dominio de los programas de estudio, uso de la tecnología, coordinación de actividades extracurriculares, no se dio como se plantea en dicho manual ya que al tener la primera reunión la tutora asignada, realiza la interrogante sobre las dudas que se tienen, lo cual es algo incongruente por como ya se mencionó con anterioridad ya había una guía sobre lo que se pretendía abordar en las tutorías.

En cuanto al tiempo dedicado a las tutorías, cumple a medias con lo estipulado en el apartado ¿Cuánto tiempo se dedica a las labores de la tutoría? Ya que se realizaba fuera del horario laboral, pero solo una vez a la semana ya que la tutora asignada era del Oro y la tutorada laboraba en Ixtlahuaca pero residía en Toluca, ambas circunstancias impedían que se vieran. He aquí otra de las incongruencias ya que el espacio donde se debería de haber realizado la tutoría sería el centro de trabajo donde ambos docentes trabajaran o perteneciente a su zona escolar, lo que no sucedió aquí ya que ambas partes trabajaban en municipios distintos y por ende en zonas distintas, lo que si cumple fue el acuerdo que se llegó de reunirse en un punto medio el cuál resulto ser Atlacomulco en una plaza comercial.

El momento de encuentro inicial entre tutores y tutorados, fue también la reunión inicial donde se plasmó el plan de trabajo, se realizó la observación de clase, 8 días después de la primera observación se retroalimentó, la segunda observación de clase, al igual que lo anterior la retroalimentación se realizó 8 días después, en la tercera observación sucedió lo mismo que en las dos anteriores, al finalizar la tutoría se realizó una reunión de despedida. El intercambio de experiencias fue poco productivo, por pertenecer ambas en contextos totalmente distintos, lo que complicó el dar solución a algún problema, con respecto a los padres de familia fue aún más complicado de abordar ya que la tutora desconocía el contexto, la comunidad, el trabajo de la institución, la forma de trabajo de la supervisión, etc.

Probablemente lo que pudo ayudar fue el orientar sobre la resolución de algún conflicto y a ciegas por la situación anteriormente mencionada, fue un trabajo en desbalance ya que al no ser de la misma zona escolar, tener grados distintos, desconocer a los alumnos y contexto. Las características profesionales y personales del tutor hacen mención a que es reconocido por la comunidad escolar, trayectoria, experiencia y desempeño, es evidente que esto no aplicó ya que era de otro municipio la tutora.

Las funciones que desempeñó el tutor consistieron en tratar de orientar la planeación (la cuál era distinta a la que se solicitaba en la institución), la forma de abordar los contenidos de manera distinta ya que la tutora impartía clase en segundo grado y la tutorada en tercer grado, lo que nutrió la tutoría fue la sugerencia de algunas estrategias para el desarrollo de las actividades a planear, la forma de evaluación era distinta por la situación de la zona y de la institución.

En la primera reunión que se tuvo se establecieron los días, horario y lugar de encuentro, así como actividades que fueran surgiendo sobre la marcha del trabajo. En el manual que se menciona se localiza un apartado donde se enuncian los aspectos a considerar en el plan de trabajo: actividades para abordar las 4 prioridades básicas de la educación, necesidades educativas de los alumnos, calendario de actividades del tutor y tutorado, atender las áreas de oportunidad, en las reuniones establecidas se comentaban de manera superficial algunos aspectos ya que se desconocía el trabajo de cada zona escolar.

En un apartado del documento hace mención que el tutor debe mencionar las fechas en las que asistirá a observación para que el tutorado entregue de manera oportuna la planeación y el tutor conozca qué actividades se van a realizar ese día, lo cual no sucedió el tutor llegaba sin aviso y sin conocer la planeación, esto basado en la experiencia de una tutorada que ingreso al servicio en el año 2015, ciclo escolar 2015-2016. En el caso de algunos otros tutorados solo veían a su tutora una vez al mes, dejando de lado las fechas que vienen marcadas en los manuales.

Para el caso del ciclo escolar 2016-2017 se asignó una tutora que pertenecía a la zona pero tenía cargo directivo y a su vez otra tutorada que labora en la misma institución, para este caso solo se realizaron las visitas de observación y en una sola ocasión mando correo electrónico dando su retroalimentación, lo cual no fue fructífero ya que no hubo nada de lo que el manual menciona, aunque la tutorada le pidió que se vieran nunca obtuvo una respuesta y por falta de conocimiento acerca de lo que los manuales mencionan no se solicitó cambio de tutor, pero a cambio tuvo mucho apoyo del directivo o docentes de la institución donde laboraba.

Los documentos referidos refieren a que el tutor llevará un guion para la observación de clase, no se llevó a cabo ya que solo realizaban anotaciones de lo que iban observando, para el caso del seguimiento con la tutora, el documento hace mención que la tutora del primer año será la misma para el segundo con la finalidad de llevar un seguimiento a los tutorados, en la realidad no fue así ya que la primer tutora era del Oro, al siguiente año cambian la tutora por una de la zona escolar, lo cual deja ver que no se siguen las indicaciones establecidas.

Se hace mención que supervisión escolar se mantendrá al tanto de lo que se realiza en tutoría y se agendan reuniones para medir los avances, en el caso que nos atañe esto no se llevó a cabo ya que en ningún momento se mandó llamar a supervisión y si se hizo solo fue para notificar que se debía de presentar la evaluación diagnóstica.

Los directivos y tutores hacen mención de la carga administrativa de la que son presos, lo que impide que desempeñen su función tutora de la manera idónea, una entrevistada después de concluir con los cuestionamientos me hacía mención que para ella fue algo muy estresante ya que en ese mismo año también presentaba su examen de desempeño docente, también fue presa de ser designada por el director de la institución sin tomar en consideración lo que dicen los documentos donde el ideal es que sea de manera voluntaria, respecto a los incentivos tampoco hablan mucho de ello, para ellos lo que los incentiva a ser tutores es la oportunidad de compartir sus conocimientos, probablemente en respuesta al poco compromiso por realmente darles un reconocimiento y no solo monetario si no en papel o a nivel laboral.

Los supervisores que son las personas más cercanas a otras estancias, tienen bastante desconocimiento en cómo se debe de estar llevando a cabo las tutorías, cuando deberían de ser ellos quienes fueran los primeros en ser capacitados.

BIBLIOGRAFIA

Álvarez. V. N (2011) La tutoría y la orientación educativa. Dyalnet No.10. p.p.140-150

Constitución Política de los Estados Unidos Mexicanos. Consultado el 5 de Diciembre de 2018 en http://www.diputados.gob.mx/LeyesBiblio/pdf/1_0 60619.pdf

Coordinación Nacional del Servicio Profesional Docente (2016). Marco general para la organización y el funcionamiento de la Tutoría en Educación Básica. Docentes y Técnicos Docentes de nuevo ingreso. Ciclos escolares 2016-2017 y 2017-2018. México. SEP.

Coordinación Nacional del Servicio Profesional Docente (2016). Marco general para la organización y el funcionamiento de la Tutoría en Educación Básica. Docentes y Técnicos Docentes de nuevo ingreso. Ciclos escolares 2016-2017 y 2017-2018. México. SEP.

Coordinación Nacional del Servicio Profesional Docente (2017). Marco general para la organización y el funcionamiento de la Tutoría en Educación Básica. Docentes y Técnicos Docentes de nuevo ingreso. Ciclos escolares 2017-2018 y 2018-2019. México. SEP.

Coordinación Nacional del Servicio Profesional Docente (2018). Marco general para la organización y el funcionamiento de la Tutoría en Educación Básica. Docentes y Técnicos Docentes de nuevo ingreso. Ciclos escolares 2018-2019 y 2019-2020. México. SEP

Coordinación Nacional del Servicio Profesional Docente (s/f). Marco general para la organización y el funcionamiento de la Tutoría en Educación Básica. Docentes y Técnicos Docentes de nuevo ingreso. Ciclos escolares 2014-2015 y 2015-2016. México. SEP.

Diario Oficial de la Federación (2017). Lineamientos para la Selección de Tutores que acompañarán al personal docente y técnico docente de nuevo ingreso en Educación Básica y Media Superior 2017-2018. LINEE. 10-2017.

Duran D y Vidal V (2014). Tutoría entre iguales, del concepto a la práctica en las diferentes etapas educativas. Intercambios Vol.2. p.p 31

Gonzalez. A. M (s/f). 3er Congreso Internacional Multidisciplinar de Investigación Educativa.

Ley General de educación (2018).Consultado el 8 de Diciembre de 2018 en https://www.sep.gob.mx/work/models/sep1/Resource/558c2c24-0b12-4676-ad90-8ab78086b184/ley_general_educacion.pdf

Maya. B.A (1993) La educación a distancia y la función tutorial. Costa Rica. UNESCO

Romo. L. A (2011). La tutoría: una estrategia innovadora en el marco de los programas de atención a estudiantes. México. DF: ANUIES

ANEXOS

Anexo 1

A. MODALIDAD DE TUTORÍA

☐ PRESENCIAL ☐ EN LÍNEA ☐ DE CONCENTRACIÓN

B. DATOS PERSONALES

_____
Primer apellido   Segundo apellido   Nombre (s)

Registro Federal de Contribuyentes | | | | | | | | | | | | |

Clave Única del Registro de Población | | | | | | | | | | | | | | | |

C. DATOS LABORALES

Clave del Centro de Trabajo _____

Zona Escolar _____

Nivel educativo (preescolar, primaria o secundaria)
_____

Modalidad o tipo de Servicio (en preescolar y primaria: general o indígena; en secundaria: general, técnica o telesecundaria; educación especial)
_____

Tipo de organización (completa o multigrado)
_____

Asignatura (especificar sólo en el caso de educación física, y de secundarias generales y técnicas) _____

Tecnología o taller (especificar sólo en el caso de Técnicos Docentes)
_____

Función (Docente o Técnico Docente)
_____

Antigüedad en la función _____

Anexo 2

FORMATO DE SOLICITUD PARA DESEMPEÑAR LA FUNCIÓN TUTORA

CICLOS ESCOLARES 2014-2015 y 2015-2016

DATOS PERSONALES

NOMBRE COMPLETO:

Apellido paterno	Apellido materno	Nombre (s)

_____

RFC: _____ CURP: _____ Edad: _____

DOMICILIO PARTICULAR:

Calle _____ No. exterior _____ No. Interior _____

Colonia _____ Delegación o Municipio _____

C.P. _____ Teléfono fijo: _____ Teléfono celular: _____

Correo electrónico: _____

DATOS LABORALES

Nombre de la escuela donde labora: _____

Dirección de la escuela donde labora: _____

_____

Clave del Centro de Trabajo: _____

Nombre del Director: _____

Teléfono de la escuela: _____

Zona Escolar a la cual pertenece: _____

Nombre del Supervisor Escolar: _____

Años laborando en el Sistema Educativo: _____

Nivel Educativo al que pertenece: _____

Tipo de Servicio y/o Modalidad: _____

Para el caso de secundaria, asignatura, tecnología o taller que imparte:

_____

FORMACIÓN ACADÉMICA

Nivel de estudios: _____

Certificaciones: _____

Cursos: _____

Diplomados: _____

Especialidades: _____

EXPOSICIÓN DE MOTIVOS PARA SER TUTOR

_____

_____

_____

_____

Anexo 3

ANEXO 2

CARTA COMPROMISO

Por medio de la presente, manifiesto que acepto realizar las actividades propias de la función tutora, establecidas en el *Marco General para la Organización y Funcionamiento de la Tutoría en Educación Básica. Docentes y Técnico Docentes de Nuevo Ingreso. Ciclos escolares 2014-2015 y 2015-2016.*, durante un periodo de dos años.

De manera puntual, me comprometo a participar en los procesos de formación docente que me soliciten las autoridades de mi entidad, para desarrollar de manera adecuada las actividades de apoyo, acompañamiento y seguimiento que requieran mis tutorados.

Nombre del Tutor: _____

CURP: _____

CCT: _____

_____
Firma del Tutor

_____
Lugar y fecha donde se firma

Anexo 4

FICHA TÉCNICA

DATOS PERSONALES

Nombre y apellidos del aspirante

Registro Federal de Contribuyentes

Clave Única del Registro de Población

DATOS LABORALES

Clave del Centro de Trabajo de Adscripción:

Zona Escolar:

Si es necesario llene dos campos

Nivel:

Servicio Educativo:

Modalidad:

Asignatura:

Tecnología:

Taller:

Función (Docente o Técnico Docente):

Años ininterrumpidos en la función:

FICHA TÉCNICA
ELEMENTOS DE PONDERACIÓN

Elementos / Calificación	20	40	60	80	100
1. Número de horas de capacitación en los últimos 3 años, en cursos con número de horas menor a 120, relacionados con su función Docente o Técnico Docente.	30 horas	Hasta 60 horas	Hasta 90 horas	Hasta 120 horas	hasta 121 horas o más
2. Número de certificaciones profesionales vigentes al momento de la revisión del expediente, en materia educativa.	N/A	N/A	N/A	1	2
3. Publicaciones durante los últimos 3 años, en materia educativa.	N/A	N/A	N/A	N/A	1
4. Premios obtenidos a título personal, relacionados con su desempeño Docente o Técnico Docente en los últimos 3 años.	N/A	N/A	N/A	1	2
5. Estímulos obtenidos a título personal o grupal, relacionados con su desempeño Docente o Técnico Docente en los últimos 3 años.	N/A	N/A	1	2	3
6. Incentivo vigente en Carrera Magisterial.	A	B	C	D	E
7. Estudios máximos obtenidos después del Título a nivel licenciatura.	N/A	Diplomado	Especialización	Maestría	Doctorado y Posdoctorado

Anexo 5

FORMATO DE SOLICITUD PARA DESEMPEÑAR LA FUNCIÓN DE TUTORÍA

CICLOS ESCOLARES 2017-2018 y 2018-2019

Entidad _____

A. DATOS PERSONALES

MODALIDAD DE TUTORÍA QUE SOLICITA

☐ PRESENCIAL ☐ EN LÍNEA ☐ DE CONCENTRACIÓN

NOMBRE COMPLETO

_____

Primer apellido   Segundo apellido   Nombre (s)

RFC _____ CURP _____ Edad _____

DOMICILIO PARTICULAR

Calle _____ No. exterior _____ No. Interior _____

Colonia _____ Delegación o Municipio _____

Entidad federativa _____ C.P. _____ Teléfono fijo _____

Teléfono celular _____

Correo electrónico _____

Confirme correo electrónico _____

B. DATOS LABORALES

Clave presupuestal _____

Antigüedad en la función docente o técnico docente _____

Nombre de la escuela donde labora _____ CCT _____

Teléfono de la escuela _____

Zona Escolar a la cual pertenece _____

Nivel educativo al que pertenece _____

Tipo de servicio _____

Tipo de organización escolar _____

Asignatura que imparte (especificar en caso necesario) _____

Tecnología o taller que imparte (especificar en el caso de Técnicos Docentes) _____

C. FORMACIÓN ACADÉMICA

Grado máximo de estudios _____

Título o cédula profesional _____

	Capacitación		
	Área	Periodo de realización	Número de horas de capacitación
Certificaciones			
Cursos/talleres			
Diplomados			
Especialización			

Anexo 6

CARTA COMPROMISO

Por medio de la presente, manifiesto que acepto realizar las actividades propias de la función de Tutoría en la modalidad _____ (presencial, en línea o de concentración), establecidas en el Marco general para la Organización y el Funcionamiento de la Tutoría en Educación Básica. Docentes y Técnico Docentes de Nuevo Ingreso. Ciclos escolares 2017-2018 y 2018-2019, durante un periodo de dos años. De manera puntual, me comprometo a lo siguiente:

a) Cumplir con la función de Tutoría durante el periodo señalado y desarrollar las actividades propias de la modalidad.
b) Participar en los procesos de formación de Tutores a los que convoquen las Autoridades Educativas de mi entidad, para desarrollar de manera adecuada las actividades de apoyo, acompañamiento y seguimiento que requieran mis Tutorados.
c) Llevar a cabo todas las actividades de Tutoría para la modalidad asignada; entre las que se incluye el registro de evidencias del trabjo realizado con los Tutorados, en los periodos establecidos para ello.

Nombre del Tutor _____

CURP _____

Clave presupuestal _____

Tipo de sostenimiento (federal/estatal) _____

CCT _____

Función _____

Anexo 7

A. MODALIDAD DE TUTORÍA

☐ PRESENCIAL ☐ EN LÍNEA ☐ DE CONCENTRACIÓN

B. DATOS PERSONALES

Primer apellido   Segundo apellido   Nombre (s)

| Registro Federal de Contribuyentes | | | | | | | | | | | | |

| Clave Única del Registro de Población | | | | | | | | | | | | | | | |

C. DATOS LABORALES

Clave del Centro de Trabajo _____

Zona Escolar _____

Nivel educativo (preescolar, primaria o secundaria)

Modalidad o tipo de Servicio (en preescolar y primaria: general o indígena; en secundaria: general, técnica o telesecundaria; educación especial)

Tipo de organización (completa o multigrado)

Asignatura (especificar sólo en el caso de educación física, y de secundarias generales y técnicas) _____

Tecnología o taller (especificar sólo en el caso de Técnicos Docentes)

Función (Docente o Técnico Docente)

Antigüedad en la función _____

"2018. Año del Bicentenario del Natalicio de Ignacio Ramírez Calzada, El Nigromante".

PLAN INICIAL DE TUTORIA 2018-2019

ESCUELA PRIMARIA: MARIANO ESCOBEDO

CICLO ESCOLAR: 2018-2019

PRESENTACIÓN:

La tutoría se concibe como el conjunto de alternativas de atención individualizada que parte de un diagnóstico. Su destinatario en este caso es un docente de nuevo ingreso, y se implementará para solventar situaciones de dominio específico de los programas de estudio, estrategias apropiadas, formas de evaluación, base teórica etc. todo ello fundamentado en la ley general de educación y el artículo tercero de educación.

La presente asesoría es un acompañamiento que se otorgará al docente para la comprensión e implementación de las nuevas propuestas curriculares y afrontar con éxito el reto de la resignificación de conceptos y prácticas. Y sobre todo concebir a la escuela como un espacio de aprendizaje y reconocer que el tutor y el tutorado aprenden simultáneamente.

En México se concibe a la tutoría como "el objeto fortalecer las capacidades, conocimientos y competencias del Personal docente y Técnico Docente de nuevo ingreso al Servicio Profesional Docente. Durante un periodo de dos años, este personal tendrá acompañamiento de un Tutor designado por la autoridad educativa." [1] y se pretende alcanzar este concepto al término de la presente tutoría para que la docente tutorada pueda desarrollarse de forma eficaz dentro de su carrera docente que inicia en el presente ciclo escolar.

Y sin lugar a dudas los avances en materia educativa posibilitan la incorporación de estrategias entre cuyos propósitos se encuentra, la elevación de la calidad educativa y el fortalecimiento de los Rasgos del Perfil de Egreso de la Educación Básica de los alumnos de la doce3nte tutorada y que están plasmadas en el nuevo modelo educativo. Por lo anterior ya no es suficiente el ofrecimiento a los estudiantes, de una formación integral en los diferentes campos del conocimiento, sino una formación que trascienda su persona en beneficio de la sociedad.

PROPÓSITOS/METAS

- Contribuir a la formación y buen desempeño de la Docente tutorada de nuevo ingreso a la zona escolar P/303, y en esa medida favorecer su permanencia en la función mediante la evaluación a que estarán sujetos aportándoles los elementos necesarios para lograr superar sus debilidades

---

[1] *SEP. (2014). Marco general para la organización y funcionamiento de la tutoría en Educación Básica – Docentes y Técnicos Docentes de nuevo ingreso. Ciclos escolares 2015-2016. México: SEP. Pág. 7*

y que valore la práctica de enseñanza además de mejorar significativamente de esta manera los aprendizajes de sus alumnos.
- Aportar a la docente tutorada los elementos necesarios para reconocer que los primeros años de inserción a la docencia son fundamentales para el desempeño futuro de los maestros, y la importancia que tiene la tutoría en este proceso
- Distinguir las características que debe tener la tutoría para que contribuya al desarrollo profesional de los docentes y técnicos docentes de nuevo ingreso.
- Reconocer algunas herramientas para desarrollar la tutoría, entre ellas, el establecimiento de propósitos claros, la planeación y la identificación de necesidades de la docente de nuevo ingreso y superar dichas necesidades para lograr su permanencia en el sistema.

OBJETIVOS PARTICULARES:

- El docente de nuevo ingreso analice, reflexione, investigue y socialice en diferentes medios sus debilidades para dar solución a las necesidades intelectuales que presenta y pueda mejorar a la vez el aprendizaje de su grupo logrando su permanencia en el sistema educativo.
- El docente de nuevo ingreso establezca vínculos de relación con sus alumnos, padres de familia, docentes y la comunidad en general para fortalecer las competencias de comunicación durante todo el ciclo escolar.
- El docente de nuevo ingreso realice el diagnóstico de su grupo de forma que contemple el contexto externo, interno y como logra tomar en cuenta dichos aspectos para que impacten en su planeación docente y en aprendizaje de sus alumnos.
- Guiar al docente para que tome en cuenta la Ruta de Mejora escolar como prioridad en su planeación docente como se estableció en la institución mejorar los aprendizajes de matemáticas y detectar en sus alumnos fortalezas y áreas de oportunidad
- Revisar y analizar los planes de estudio y la elaboración de su planeación semanal para establecer o sugerir apoyo en algunas estrategias, secuencias didácticas, formas de evaluación para que pueda elaborar dicha planeación para el desarrollo de las competencias de sus alumnos. Y posteriormente retroalimentar su

- Brindar apoyo a la docente tutorada a través de argumentos precisos sobre el trabajo que desarrolla en el aula, lo que permite identificar fortalezas y áreas de oportunidad en beneficio tanto del aprendizaje de sus alumnos como del propio proceso de formación y capacitación.

CRONOGRAMA

ACTIVIDADES PARA DESARROLLAR	RESPONSABLES	TIEMPOS	EVIDENCIAS MENSUALES:	ESPACIOS
REVISIÓN DE DIAGNÓSTICO DEL GRUPO DEL MAESTRO TUTORADO (RUBRICA 1)	TUTOR- TUTORADA	AGOSTO-SEPTIEMBRE	DIAGNÓSTICO DEL TUTORADO	ESCUELA PRIMARIA "MARIANO ESCOBEDO"
OBSERVACION DE CLASE Y REVISIÓN DEL PLAN DE CLASE Y LA INCORPORACION DE LA RUTA DE MEJORA ESCOLAR (RUBRICA 2) Y RETROALIMENTACION DEL PRIMER MOMENTO PARA DETECTAR FORTALEZAS Y ÁREAS DE OPORTUNIDAD	TUTOR- TUTORADA	5 DE OCTUBRE	PLANEACIÓN Y RUTA DE MEJORA ESCOLAR	AULA DE CLASE 4° A
OBSERVACION DE CLASE Y REVISION DE LA INTEGRACION EN SU PLAN DE CLASE DE LOS ELEMENTOS CURRICULARES DEL PLAN Y PROGRAMA DE FORMA EFECTIVA Y RETROALIMENTACION DEL SEGUNDO MOMENTO PARA DETECTAR FORTALEZAS Y ÁREAS DE OPORTUNIDAD	TUTOR- TUTORADA	5 DE NOVIEMBRE	PLANEACIÓN Y SECUENCIAS DIDÁCTICAS ENFOCADA A SUS ELEMENTOS Y CARACTERÍTICAS DEL PLAN Y PROGRAMA 2011	AULA DE CLASE 4° A

OBSERVACION DE CLASE Y REVISIÓN DEL ASPECTO DE EVALUACIÓN DENTRO DE SU PLANEACION Y RETROALIMENTACION DEL TERCER MOMENTO PARA DETECTAR LAS FORTALEZAS Y ÁREAS DE OPORTUNIDAD	TUTOR- TUTORADA	11 DE ENERO	PLANEACIÓN ENFOCADA A LA EVALUACIÓN DE LOS ALUMNOS	AULA DE CLASE 4° A
OBSERVACIÓN DE CLASE Y REVISIÓN DE PLAN PARA REVISAR METODOLOGÍA Y RETROALIENTAR EL CUARTO MOMENTO PERA DETECTAR FORTALEZAS Y ÁREAS DE OPORTUNIDAD	TUTOR- TUTORADA	1 DE FEBRERO	PLANEACIÓN ENFOCADA A LA METODOLOGÍA DE LAS ASIGNATURAS	AULA DE CLASE 4° A
OBSERVACIÓN DE CLASE Y COMPARTIR CON LA DOCENTE TUTORADA EXPERIENCIAS ASIMILADAS A LO LARGO DE LA TRAYECTORIA DEL TUTOR QUE PUEDEN AYUDAR EN LA ATENCIÓN A LAS ÁREAS DE OPORTUNIDAD DEL DOCENTE	TUTOR- TUTORADA	4 DE MARZO	EXPERIENCIAS DOCENTES DE TUTOR Y TUTORADA	AULA DE CLASE 4° A
OBSERVACIÓN DE CLASE Y COMPARTIR CON LA DOCENTE TUTORADA EXPERIENCIAS ASIMILADAS A LO LARGO DE LA TRAYECTORIA DEL TUTOR QUE	TUTOR- TUTORADA	3 DE MAYO	EXPERIENCIAS DOCENTES DE TUTOR Y TUTORADA	AULA DE CLASE 4° A

	TUTOR- TUTORADA	3 DE JUNIO		
PUEDEN AYUDAR EN LA ATENCIÓN A LAS ÁREAS DE OPORTUNIDAD DEL DOCENTE LLEGAR A LA CONCLUSIÓN DEL CICLO ESCOLAR Y ELABORAR UN INFORME POR PARTE DEL TUTOR Y TUTORADA DE COMO SE LLEVARON A CABO EL PLAN DE SEGUIMIENTO Y EL CRONOGRAMA DE ACTIVIDADES PARA RESCATAR LAS FORTALEZAS Y ÁREAS DE OPORTINUDAD DE AMBOS.			CONCLUSIONES DEL TUTORADO Y TUTOR DEL CICLO ESCOLAR	AULA DE CLASE 4° A

FORMATOS DE OBSERVACION A UTILIZAR

Rúbrica para evaluar contexto y diagnóstico de tutoría 2018-2019

Nombre del tutorado: Marina Contreras Morales

ASPECTOS PARA EVALUAR/NIVELES DE DESEMPEÑO	DEFICIENTE	BUENO	EXCELENTE
CONTEXTO EXTERNO: El contexto escolar externo presenta los siguientes aspectos: Datos de la institución, numero de docentes, alumnos, personal administrativo, número de aulas, servicios con los que cuenta, posibles espacios a utilizar en alguna intervención pedagógica	Descripción incorrecta del tema, sin detalles significativos o escasos.	Descripción ambigua del tema, algunos detalles que no clarifican el tema.	Descripción clara y sustancial del tema y buena cantidad de detalles
CONTEXTO INTERNO: El Contexto escolar interno presenta los siguientes aspectos: tipo de asentamiento, influencia del mismo el actividades institucionales y escolares que influyen en el aprendizaje de los alumnos, ambiente familiar de los estudiantes, costumbres, características lingüísticas o étnicas (si las hubiera).	Descripción incorrecta del tema, sin detalles significativos o escasos.	Descripción ambigua del tema, algunos detalles que no clarifican el tema.	Descripción clara y sustancial del tema y buena cantidad de detalles
DIAGNÓSTICO DEL GRUPO: El diagnóstico de grupo presenta las siguientes características de los estudiantes: esto es lo más importante Número de	Descripción incorrecta del tema, sin detalles	Descripción ambigua del tema, algunos detalles que no clarifican el tema.	Descripción clara y sustancial del tema y buena cantidad de detalles

	significativos o escasos.
alumnos y distinguirlos por género, edad para centrarlos en una etapa de desarrollo y considerar actividades de acuerdo a ésta, nivel de competencia curricular(nivel en el que se encuentran de acuerdo a los aprendizajes esperados, se puede obtener de los resultados del examen diagnóstico), interacciones sociales entre ellos, estilo de aprendizaje de cada alumno y aquel que predomina en el grupo(éste dicta las estrategias que el docente implementará), ritmo de aprendizaje(continuo, discontinuo, rápido, lento, etc.), barreras para el aprendizaje y la participación social(BAPS) estas surgen de la interacción entre el alumno y sus contextos, ya sea social, familiar o escolar(se detectan con el fin de apoyar con la disminución de éstas por medio de la intervención docente), tipo de motivación de los alumnos(intrínseca o intrínseca)sirven para diseñar actividades que beneficien el desempeño de los estudiantes al relacionarse entre ellos, por ejemplo, monitoreo, trabajo en equipo, trabajo entre pares, alumnos con alguna NEE si lo hubiese se tiene que hacer un "ajuste razonable" dentro de la planeación	

Evaluación Diagnóstica

(Cualitativa)

Los logros en el aprendizaje y el desarrollo de las competencias básicas están determinados por múltiples factores, tanto internos como externos a los centros escolares. Una de las variables externas al centro y con influencia en los resultados, es el índice sobre la condición socioeconómica de los y las estudiantes.

Conocer y valorar, a través de la evaluación diagnostica, el grado de logro de los objetivos educativos del alumnado de 4º "A" de la primaria Mariano Escobedo en este comienzo del ciclo escolar da la pauta para conocer cuáles son las deficiencias y de donde partir para dar comienzo el nuevo ciclo escolar; tomando en cuenta las características de la zona y de sus familias ya que la mayoría de ellas trabaja y en su mayoría los niños se encuentran el mayor tiempo con hermanos, abuelitos o algún familiar dando como consecuencia que no se esté al pendiente y que no se tenga una participación activa de los padres puesto que no se le brinda un tiempo de calidad para platicar con ellos.

En el caso de los niños de 4° "A" tienen un nivel cognitivo acorde a su edad, son 4 niños y 9 niñas entre edades de 8 y 11 años, según Piaget los niños van por etapas de desarrollo cognitivas en cuanto a su forma de aprender y ellos están en una de ellas, su ritmo de aprendizaje es regular, en el caso de Cristian y Viviana necesitan de mayor apoyo por parte de los padres para consolidar la lectoescritura y monitoreo en sus actividades, la mayoría su estilo de aprendizaje que mas predomina es el kinestésico una de las barreras que se observa es la falta de apoyo por parte de los padres pero se da por la situación económica puesto que alguno de los dos o en su defecto los dos trabajan dejándolos sin supervisión, puesto que necesitan un impulso por parte de ellos para motivarlos a aprender y contar con una buena alimentación, la mayoría de los niños su motivación es intrínseca, la relación entre ellos es regular puesto que si se les da indicaciones de trabajar en equipo o entre pares no se niegan lo realizan sin disgustarse.

Por otra parte en su examen diagnostico un 70% de los niños obtuvo una calificación apenas aprobatoria, lo cual indica que se reforzará mas en las materias con bajo rendimiento.

En cuanto a lectura les hace falta practicar, para lograr un desempeño más equilibrado logrando una mayor comprensión de lo que leen, en escritura la mayoría requiere ejercicios de caligrafía para darle forma, espacio y tamaño, así como una buena ortografía, y matemáticas involucrarlos más en cuanto a operaciones, resolución de problemas y tablas de multiplicar.

Cabe destacar que en este periodo vacacional los niños tienden a regresar a clases con un nivel de desempeño poco favorable lo cual también influye en su ritmo de aprendizaje.

ESCUELA PRIMARIA: **MARIANO ESCOBEDO** GRADO: **CUARTO** GRUPO: A C.C.T. **15EPR1659Y** ZONA ESCOLAR: **P303** CICLO ESCOLAR **2018-2019**

CONCENTRADO DE EVALUACIÓN DIAGNÓSTICA

N.P.	NOMBRE DEL ALUMNO	ESPAÑOL	MATEMATICAS	CIENCIAS NATURALES	FORMACIÓN CIVICA Y ÉTICA	EDUCACION ARTÍSTICA	PROMEDIO FINAL
1	ALV	8	9	9	8	8	8.4
2	BRAG	5	9	7	8	4	6.6
3	DPSGI	4	9	7	8	4	6.4
4	GGSS	5	7	6	8	8	6.8
5	EVM	1	6	7	8	8	6
6	JHF	5	5	6	6	8	6
7	LPC	1	0	5	4	2	2.4
8	LPV	1	0	3	2	0	1.2
9	MLYJ	5	5	9	8	4	6.2
10	MPCO	1	5	6	4	6	4.4
11	PSDE	6	7	8	8	6	7
12	PFAL	4	4	1	2	8	3.8
13	RFEA	5	3	7	8	2	5
		4.1	5.7	6.5	6.6	5.6	5.4

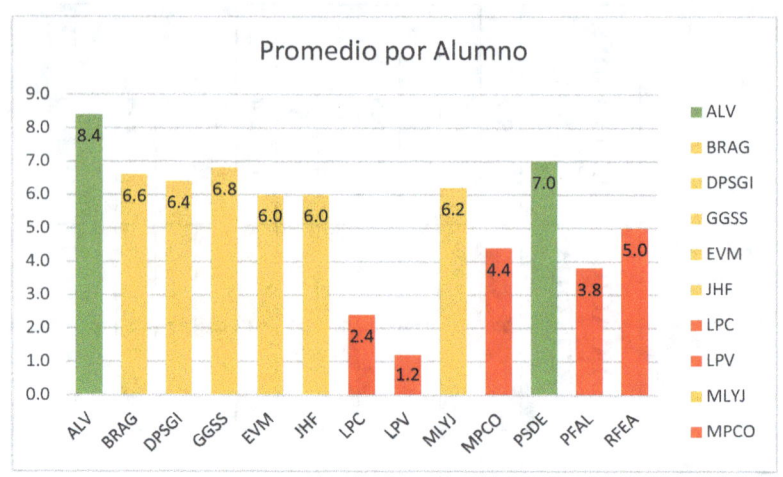

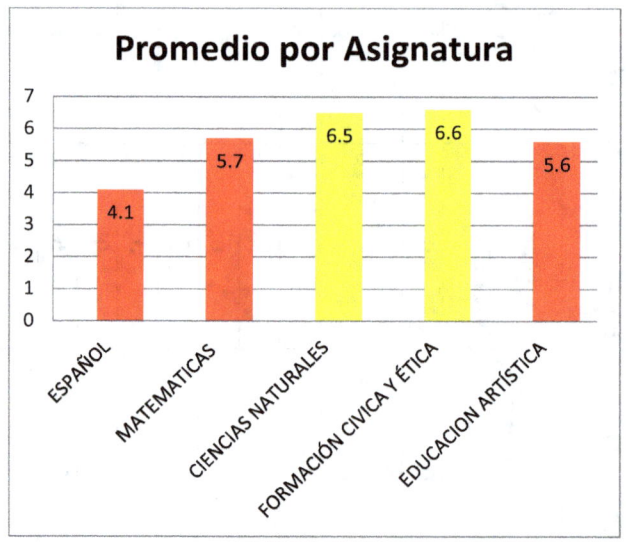

RUBRICA DE OBSERVACION DE CLASE

Nombre del Tutorado: _____

Nombre del Tutor: _____

I. Desarrollo de clase	Marcar con una X	Comentarios
1. Muestra dominio de los conocimientos del tema impartido en la sesión de clase.	SI ( ) NO ( )	
2. Desarrolla habilidades comunicativas idóneas para transmitir el tema y captar la atención de los estudiantes.	SI ( ) NO ( )	
3. Contextualiza con ejemplos cercanos a la realidad (vida diaria) para facilitar la comprensión de conceptos, principios o procedimientos.	SI ( ) NO ( )	
4. Realiza ejercicios para reforzar la adquisición de conocimientos y habilidades en los estudiantes.	SI ( ) NO ( )	
5. Utiliza recursos didácticos adicionales y apoyo con materiales diversos (láminas, proyector, mapas conceptuales, cuadros	SI ( ) NO ( )	Especificar los recurso(s) utilizados:

sinópticos) para facilitar el aprendizaje.		
6. Elabora conclusiones o síntesis al término de cada tema.	SI ( ) NO ( )	
7.- Incorpora en su plan la Ruta de Mejora Escolar y el aspecto de mejora de los aprendizajes de matemáticas	SI ( ) NO ( )	
8.- Incorpora en su plan de clase de los elementos curriculares del plan y programa de forma efectiva		
9.- Aplica de forma efectiva la evaluación formativa en su clase, en el aspecto cualitativo y cuantitativo.		
10.- Aplica las metodologías apropiadas para cada asignatura de forma eficaz		
11. Realiza las adecuaciones curriculares necesarias a su plan para sus alumnos con necesidades educativas	SI ( ) NO ( )	
12.. La intervención pedagógica que llevó a cabo para lograr el aprendizaje de	SI ( ) NO ( )	

los alumnos alcanza los aprendizajes esperados especificados en su planeación		

II. Ambiente en el aula	**Marcar con una X**	**Comentarios**
1. Los estudiantes exteriorizan dudas.	SI ( ) NO ( )	
2. Los estudiantes muestran una actitud favorable hacia el aprendizaje.	SI ( ) NO ( )	
3. Los estudiantes expresan sus dudas.	SI ( ) NO ( )	
4. La interacción entre el estudiante y/o estudiante docente es coherente con la temática y desarrollo de la secuencia didáctica.	SI ( ) NO ( )	
5. El ambiente de la clase es incluyente y respetuoso.	SI ( ) NO ( )	

Observaciones del Tutor

1. Describa las áreas de oportunidad que identificó durante la observación de clase:
2. Escriba las recomendaciones al docente que considere pertinentes:

RUBRICA DE OBSERVACION DE CLASE SOBRE EVALUACION:
Propósito principal de la evaluación

Identifica problemas en el aprovechamiento de sus alumnos	EL DOCENTE IDENTIFICA LAS NECECIDADES DE APRENDIZAJE DE CADA ALUMNO, SOBRETODO DE SUS ALUMNOS CON NECESIDADES EDUCATIVAS ESPECIALES.
Valora lo que los alumnos han aprendido del programa	LA DOCENTE REGISTRA LOS APRENDIZAJES ESPERADOS DE LOS ALUMNOS, SOLO SE LE SUGIRIO SER MAS ESPECIFICA AL REALIZAR LA EVALUACION DE CADA ALUMNO UTILIZANDO CRITERIOS DE DESEMPEÑO ESTABLECIDOS
Sabe cómo apoyar a sus alumnos	LA DOCENTE CONOCE LAS FORTALEZAS Y DEBILIDADES DE SUS ALUMNOS Y POR LO TANTO SABE COMO APOYARLOS SOLO SE LE SUGIRIO ESTABLEZCA NORMAS A SEGUIR EN EL AULA CON LOS ALUMNOS CON ALGUN PROBLEMA DE CONDUCTA
Planea y conduce las clases	EL DOCENTE ENTREGA SU PLANEACIÓN CON LOS ELEMENTOS NECESARIOS PARA EL APRENDIZAJE DE LOS ALUMNOS
Asigna calificaciones	EL DOCENTE EVALUA A SUS A SUS ALUMNOS MEDIANTE LA OBSERVACIÓN SUBJETIVA Y OBJETIVA, RUBRICAS, LISTAS DE COTEJO Y DE ACUERDO CON ESO ASIGNA EVALUACIONES FORMATIVAS Y SUMATIVAS. SE LE SUGIERE REALIZAR EVALUACIONES AUTÉNTICAS PARA PRÓXIMOS APRENDIZAJES
¿Qué utiliza para verificar lo que saben los alumnos?	EL DOCENTE UTILIZA CUADERNOS, LIBROS DE TEXTO, MATERIAL IMPRESO, EXAMENES PARCIALES Y FINALES PARA VERIFICAR EL AVANCE DE SUS ALUMNOS
Determina si los alumnos cumplen con las competencias (conocimientos, habilidades y conductas) establecidas	EL DOCENTE SI DETERMINA LOS CONOCIMIENTOS Y QUE APRENDEN Y LA CONDUCTA DE LOS ALUMNOS, SU AREA DE OPORTUNIDAD ES DETERMINAR LAS HABILIDADES DE CADA ALUMNO
Compara el trabajo de los alumnos con criterios de	EL DOCENTE EVALÚA LOS APRENDIZAJES ESPERADOS DE MANERA GENERAL, PERO SU ÁREA DE OPORTUNIDAD ES ESTABLECER CRITERIOS DE DESEMPEÑO PARA CADA APRENDIZAJE ESPERADO

desempeño establecidos		
Proporciona retroalimentación a los alumnos sobre su desempeño	EL DOCENTE NO RETROALIMENTA A SUS ALUMNOS DE FORMA ESCRITA EN SUS CUADERNOS	
Ayuda a los alumnos a mejorar su desempeño	EL DOCENTE DE MANERA GRUPAL ACLARA DUDAS, PERO DE FORMA INDIVUDUAL AYUDA A LOS ALUMNOS QUE LO NECESITAN A MEJORAR SU DESEMPEÑO	
Informa a los alumnos sobre sus necesidades de aprendizaje	EL DOCENTE INFORMA DE MANERA PARCIAL LAS NECESIDADES PROPIAS DE CADA ALUMNO, SE SUGIERE ESPECIFICA DE MEJOR MANERA EN LA RETROALIMENTACION	
Hace que los alumnos realicen su mejor esfuerzo	EL DOCENTE MOTIVA A LOS ALUMNOS A REALIZAR SU MAYOR ESFUERZO YA QUE REALIZA SU TRABAJO DE FORMA EMPATICA CON ELLOS, SE LE SUGIERE ESTABLECER NORMAS O REGLAMENTOS CON LOS ALUMNOS DE MALA CONDUCTA.	

www.ingramcontent.com/pod-product-compliance
Lightning Source LLC
Chambersburg PA
CBHW071400290426
44108CB00014B/1623